青春文庫

なぜ、魔法使いは箒で空を飛ぶのか

「魔法の世界」の不思議を楽しむ本

山北 篤［監修］

青春出版社

はじめに――魔法の世界の〝ディープな〟歩き方

なぜ、魔法使いは、決まって「杖」を持った「三角帽子」姿で描かれるのか？
空を飛ぶための道具に、わざわざ「箒」を選ぶ理由は何なのか？
「ドラゴン」と「龍」の違いは何か？　世界中で語り継がれる理由とは？
「魔法学校」や「魔法使いの村」は、この世界のどこかに存在したのか？

魔法の世界は、かように謎と不思議に満ちている。

謎を謎のまま享受するのも、この世界の歩き方としては正しいだろう。しかし、ご存知だろうか？　こうした疑問をひとつひとつ紐解いていった先には、見たことのない世界が広がっていることを。

本書は、時には歴史や文化の視点から、時には作り手たちの視点から魔法の世界を覗き見る一風変わった「道案内」だ。

しかし、それゆえに、物語を普通に楽しんでいるだけでは出会えない「発見」を、きっとあなたにもたらすはずだ。

さあ、深い、深い、魔法の世界へ、いざ足を踏み入れよう。

1時間目 幻の生物・種族とその生態

2時間目 「魔術」という未知なる力を解剖する

3時間目　魔法の世界の「道具」と「シンボル」

4時間目 人間界の歴史に残る魔法の足跡

補講 伝説に残る魔法使いたち

ガイダンス

「魔法の世界」への招待
――その秘密と仕組み

様々な不思議を可能にする「魔法」――それは、一体どういう力なのか。この現実世界とは違う場所である「魔法の世界」は、かつてどこかに存在したのか。箒に乗った魔女が空を飛び、ドラゴンの咆哮が遠い山の向こうにこだまする……そんな不思議に満ち溢れた「魔法の世界」の謎と仕組みを、いざ解き明かさん。

そもそも「魔法」とは、どんな力を指すのか

魔法といわれて、多くの人が思いつくイメージというのは、絵本や童話に登場した魔法使いや魔女の姿だろう。しかし、さらにそこから先、各々の中に広がるイメージは、それぞれまったく違うのではないだろうか。

たとえば『ハリー・ポッター』『ロード・オブ・ザ・リング』シリーズを観て育った世代は、CGなど、近年発達した表現技術を駆使したリアルなものが、最も慣れ親しんだ魔法の姿であったりするのだろう。

一昔前、漫画とゲームの世代では、火球や電光を放つ、戦闘力の部分がクローズアップされ、その前の時代、アニメの『魔女っ子』『魔法少女』シリーズでは、ヒロインの夢を実現させる力だった。

ある程度年配の方なら『奥様は魔女』のヒロイン、魔女のサマンサの使っていたものを思い出したりもするのだろう。

さて、それでは一体「魔法」とは何なのだろうか？　似たようなことができる超能力者とは何が違うのか？「呪文を唱えれば魔術、そうでなければ超能力者」といわれるかもしれないが、呪文を唱えない魔法使いはたくさん存在する。

しかも、魔法の源泉は何かという問いにさえ、「神の力」「まだ科学が知らない自然の力」「悪魔の力」など、答える人によって違っている。

「魔法」と似た言葉に「魔術」や「呪術」といった言葉があるが、これは違うのか？　という疑問も出てくるだろう。これは同じ言葉を言い換えただけなのか、と問われればこれも「超能力」と同じく「魔法」という大きなものの中にある、ひとつのカテゴリーなのである。

「魔法」と「魔術」の違い——その正確な定義

世間一般では「魔法」も「魔術」も「妖術」も「呪術」も、一言でまとめれば「目に見える原因が無いのに、何か不可思議な現象を起こす術」ということになるのではないだろうか。

タネが目に見えず、理解出来ないものなら、少なくともそれをただ目にしている人にとっては、魔法は魔術とも、あるいは手品とも変わらない。
しかし、これらは細かく分けることもできる。

「魔術」はエリファス・レヴィという一九世紀に魔術を研究した思想家による「賢者の時代から伝承されてきた自然の秘密を扱う伝統的科学である」とされている。

「妖術」は、様々な超存在の力を借りて、人知を超えた力を使う術である。どちらかというと、悪魔などの邪悪な力を借りた術とされる。

「呪術」は「呪《のろ》い」ではなく、「呪《まじな》い」であって、ドルイドやシャーマンなど、古代の神官達の使う術を言う。

それでは「魔法」とは何だろう？　これ、と定めるのは難しいが、現代における「魔法」というのは、これらの魔的、妖的な力を使って起こす、超能力も含めた、〝不思議な力〟の総称なのだ。

この本の中では、「超自然的な力を使う方法」、その全てをくくる言葉を「魔法」とし、それが一体どういうものか、伝説ではどうだったか、実際はどうなのか？　というような、疑問を読み解いていこうと思う。

「魔法の世界」は、かつてこの世界のどこかに存在したのか

『ハリー・ポッター』シリーズに登場するような、魔法使いたちが暮らしているホグワーツやホグズミード村のような、魔法の力で動いている世界はあるのだろうか？

その答えは、イエスであり、ノーなのである。そもそも、科学が進み、様々な不思議を解き明かすまで「世界は魔法的な力で動いている」と信じられていた。だからかつては、村や町どころではなく、世界の全てが「魔法の世界」だったということなのだ。

では今この現代社会のどこかには、そういう世界への入り口はあるのだろうか？　その存在を証明するのは難しいが、この科学の世界に隣合わせにある、不思議な場所、というのは、世界各地の伝説の中に、たくさんの記述がある。有名なのは、ケルト神話にある妖精の国「ティル・ナ・ノーグ」である。ここには神

が住み、妖精が踊り、死ぬこともない。また、時間の流れが違うため、迷い込んだ者が人間世界に戻った時に何十年も経っていた、という話もある。他にも、ユダヤ系の神話に登場する「エデン」、チベットの神話にある「シャンバラ」、沖縄の伝説にある「ニライカナイ」など、不思議な場所の伝説はそこかしこにある。

これらは、神が住むような楽園的な世界だが、逆に「死」に近い場所にあるような異世界の伝説も多い。日本で言えば死者の住む「黄泉国《よみのくに》」の話を聞いたことがある方も多いだろう。他にも、北欧神話では巨人たちの住む「ニブルへイム」、エジプトの冥界「ドゥアムト」、ギリシア神話では冥王ハーデスの収める「ハイデゥー」など、人間の力の及ばない世界の伝説は多い。

こういった世界は、実在するのだろうか？　常識で考えたらそんなものはないとしか言えない。ただ、これだけ世界中に伝説が残っているのは、その存在の状況証拠にならないだろうか。現在でも、時々、インターネットで、異世界に迷い込んだ人の話も度々語られる。

もしかすると、今でもどこかで、魔法の世界への入り口が開いているのかもしれない。

魔法使いたちは、「特別な才能」や「血縁」を持つ人間だったのか

例えば『ハリー・ポッター』シリーズの世界観では、魔法使いになるには原則、魔法使いの血脈を受け継いでいるか、特別な才能を持っていなければいけない。それなら、実際の魔法使いもそうだったか？　というと、これもまた、イエスでありノーなのである。順を追って説明しよう。

まず、古代に生まれた「最初の魔法使い」といえる存在、「シャーマン（巫女）」と呼ばれた人々は、特別な才能や、強力な守護存在の後ろ盾を得て「神がかり」という形で、神の力を得られる者でなければなれなかった。当初、魔法使いは正に「神に選ばれた者」だったのだ。

また古代国家では、シャーマンが国政を司《つかさど》っていたことが多い。『魏志倭人伝』で記された、「鬼道《きどう》」という祈祷《きとう》の術を使った邪馬台国の女王「卑弥呼」が代表的だ。魔法はかつて、こういう超人だけの力だったのである。

〝超能力者的〟魔法使いの時代

シャーマンはツングース語の「saman（精神的に高揚し、高められた者）」に由来し、全てのシャーマン的なものを総合して「シャーマニズム」と呼ばれる。

シャーマンの登場まで、神に力をかりる方法は、ただ漠然と、本能的に行われたものだった。しかし、シャーマンの登場により、祖先霊や自然神への祈りにより霊的な力を得るという形が生まれた。シャーマニズムは、世界中に存在し、いずれにも共通するのは、一定の時間自らが神や祖霊と交信、もしくはそのものに変身することができ、その力を使用できる能力者だ、ということである。世界中に存在するだけに、シャーマン的な存在が使う能力のバリエーションは枚挙に暇がない。

かつて世界に存在した「原始的な魔法使い」たち

日本で知られているシャーマンといったら恐山の「イタコ」だろう。イタコは全盲、あるいは半盲女性がなり「口寄せ」と呼ばれる力を使う。沖縄には「ユタ」あるいは「神人《かみんちゅ》」と呼ばれる人々がいる。

海外に目を向ければ、中国の「童乱《タンキー》」、韓国の「ムーダン」、インドネシアの「ドゥクン」、ケルトのシャーマンは「ドルイド」と呼ばれ、南米マヤでは「アッハキッヒ」あるいは「サセルドーテ・マヤ」、アンデスでは「クマンベーロ」。アフリカに目を向ければ、部族ごとに多用な呪術が存在する。アフリカ人がアメリカに連れ去られたのと同時にシャーマン文化も移動し、キューバのシャーマニズム「サンテリーア」や、有名な「ブゥードゥー教」などを生み出していく元となっている。

選ばれた者たちに共通する「資質」とは

当然の疑問として「シャーマンとしての能力を得るにはどうしていたの?」というものが生まれるだろう。方法はいくつか存在するが、最もポピュラーなのは「精霊・祖霊によって選ばれる」というものだ。

シャーマンの力の源泉は、しばしば自然霊をよりどころとする。それは「動物霊気」「後見精霊」「使い魔」などと呼ばれ、守護精霊は、多くの場合鳥や獣、魚や爬虫類だが、人間の姿のこともある。

守護精霊はどこまでもシャーマンを守り、超常能力を与え、災厄から自分たちを守るのである。特にヨーロッパ、アメリカのシャーマニズムは、後になり魔術の発展に貢献していった。

どういう形で、そういった守護霊たちに選ばれるのかというと、彼らは生まれ変わるような大きな変貌、例えば臨死体験などを経ることにより、覚醒するのだ。恐山のイタコらは、視力を失うという体験によって、別の世界を見る力を得たと考えられる。別のパターンでは、シャーマンの力が先代より次代の才能のあるシャーマンに受け継がれていく場合もある。

〝不思議な力〟を解体し、誰にでも使えるようにした「魔術」

さて、シャーマンの力は、古今東西においてほぼ例外なく、天性の才能か、なにかのきっかけで能力が覚醒した者しかなれない。しかし、超常能力があるなら、欲しくならない人間などいないだろう。それをどうにか、凡人でも使えるようにしよう、そう考える人間が現れた。

その歴史は、長い道のりであった。そもそも、痕跡が現在残っているだけでも、最古のシャーマンの姿は、一万六五〇〇年前に描かれたラスコーの壁画には記録されている。おそらく、それよりもっと前から、シャーマンは存在していたのに違いない。

そうした古から伝わる術が、凡人にも使えるようなものになるのは、ある説では、紀元前一六世紀頃、モーゼがエジプトから渡った頃と言われる（これは、魔術の歴史の深さを語る上でのエピソードで、伝説の域を出ないが）。

近代魔術の説は、紀元前六世紀頃、古代ペルシアで、ゾロアスター教が栄え始めた頃だとも伝えられている。神の力を信じ、その力を実際に見せることで、その神を広めようとした預言者と信者たちにより、神の奇跡を人の力で行う研究がされ、それが魔術の基礎となったといわれている。

そこから、古代ギリシアやヨーロッパで、数学者や哲学者によって、仕組みが解体され、再構築されていった。そこでさらに「魔術」は理論化され、体系化されていく。それは言葉や文字になり、人に伝えることができ、またわかりやすいものとなっていく。

その後、キリスト教の登場により、魔法全般が悪魔による外法とされたため、長い間研究は停滞してしまう。しかし、ルネッサンスの時期には、神学者や錬金術師によって研究が進み、シャーマンの力は、魔術として翻訳され、一九世紀の終わり頃には、エリファス・レヴィら『黄金の夜明け団《ゴールデン・ドーン》』のメンバーによって、近代魔術が完成したとされている。

一方で、シャーマン的な色合いが強いものとして、学問的な流れとは別に、村や町、地方に生きる人々の中に「呪力」と「魔術」の間の子のような、今は「魔女術」と分類されるものがあった。これは「魔術」程には論理化されず、前項で述べたように、血縁者、あるいは一族、また極めて親しい者の間に、口伝として伝えられていった。

一方で、このように、シャーマンの力が「魔術」「魔法」として再現性の高い技術となっていくと、当然の帰結として、シャーマンの影響力は下がり、その姿も消えていった。

今や、魔法使いは「普通の人間」でもなれる存在なのか

前項でも説明したように、神の力を求めた、その時代の知識人、数学者、哲学者、神学者、錬金術師、そして魔術師たちによって、「シャーマン」の力が、悠久ともいえる時をかけて解析された。それが体系化されて「魔術」として確立されてからの魔法使いの力は「天性の超常能力」ではなくなった。

そうして、魔術は、学問であって、科学そのものではないにしても、科学とかなり仲が良いものになったのだ。数学において、方程式を覚えて、その使い方を理解できたなら、誰でも問題への答えを求められるように、魔法も同じように、人に教えることができるものになった。

もっと噛み砕いていうなら、行列する繁盛店のメニューを、レシピさえあれば誰でもそこそこ同じものが再現できるように、魔法の力を学ぶことは昔から比べれば、あり得ないほど容易になってきたのである。

つまり、血脈も秘めたる力も必要ではなくなっていったのだ。

魔法を学びやすくなった時代

実は、一九世紀末に近代魔術が確立して以降は、魔法を学ぶことはさらに簡単なものになった(とされている)。出版文化の爆発的進化や、最近ではインターネットの加速度的簡便化と普及により、知識の伝達が容易になったためだ。

むしろ魔術的素養がどうのという以前に、日常生活で使う通常能力がしっかりしていなければ、超常能力を持つことなどできないといわれるくらいである。

もちろん、スポーツや芸事など、他の様々なものと同じように「向き不向き」はあるそうだが、魔術の概念を理解するために必要な知識を学び、努力さえすれば、誰でも使えるといわれているものなのだ。

大魔術師アレイスター・クロウリーは、魔法のことを〝意思に従って変化を起こす業であり科学である〟といった。その通り、「魔術師になる」という意思が、志を持つものに変化を起こすのだろう。

魔法は「誰から」教わるのか、「学校」は実在したのか

「魔法」は、超常現象を操るものだけに、ハッキリと語ったり伝えたりすることが本質的に難しい。『魔法使いたちは、「特別な才能」や「血縁」を持つ人間だったのか』の項で述べたように、シャーマンの時代には、それは伝えられるものではなかった。それが、時代を経ると、言語化・理論化され、さらに「教える技術」も発達したのだ。

そういった、魔法を教わる機会というのは、主に、すでに経験を積んだ師によってもたらされるものであった。

そして魔法は、基本的には学校など、公の場所で教えられるものではなかった。なぜかといえば、キリスト教の時代においては、魔法の力そのものが禁忌であったし、そうでないにしても、悪魔や天使が本当に信じられていたような時代には、超常能力を持っている人間は、理解できない危険な存在とされるこ

とが多かったからだ。「魔女」の家系では、家族の間で伝えられていくこともあったが、平和な時代ならともかく、魔法が悪魔の業と考えられるような状況下では、表沙汰にはできない。『ハリー・ポッター』のホグワーツ魔法魔術学校のような、権威ある場所に、才能のある子どもたちが集まって、魔法を学べる、というような状況は、知られている伝説や記録の中には目立たない。

「魔術結社」という一種の学び舎

ただ「魔術結社」という形で、大人たちが集まって、現社会秩序を守りながら魔法を学ぶという形なら、近代魔術が成立した一九世期頃から、現在にいたるまで存在が伝えられている。

実は、この魔術結社は現代にも存在する（これから学びたい、なんて人がいるなら、まず彼らの元を訪ねてみてはどうだろう）。

「魔術結社」というと、「悪の秘密結社」のようで響きがものものしい。とはいえ、邪悪な黒魔術師が何十人も集まって世界を闇で操っている、などという漫画的なものではない。ＳＮＳで連絡をとりあって、公民館の会議室を借りて茶飲み話をするだけでもりっぱに魔術結社なのである。有名な魔術結社『薔薇十字団』も始めは八人という少人数だった。

誤解をおそれず言ってしまえば「魔術結社」とはつまり「魔術サークル」であるといっても間違いではないだろう。

政府のような統治機関としての機能はあるか

魔術結社とは『ハリー・ポッター』シリーズでいうところの「魔法省」のような機関なのだろうか？　あそこまでの統治能力はないが、そのようなものだとはいっていいだろう。

ただ、魔法の世界は、どうしてもアンダーグラウンドなものにならざるをえないので、大きな組織になれない。結局、小さな組織が離合集散を繰り返すという形になってしまうために、あれほどの権威は持った組織はまだ生まれていない、というのがこれまでの歴史である。人数にしても、史上最大の魔術結社で数万人くらい、通常は一〇〇人程度がせいぜいだ。

なぜ、わざわざ「箒」に乗って空を飛ぶのか

魔法使いは箒で空を飛ぶ。中世の頃からヨーロッパ各国で伝えられている「ワルプルギスの夜」と呼ばれる魔女たちの祝宴では、大勢の魔女が箒にまたがり、煙突から飛び出して夜空を駆け、あちら側の世界から這い出してきた死者と魔物と共に夜闇を跳梁跋扈《ちょうりょうばっこ》する、とされ、恐怖の対象となっていた。

でも、なぜわざわざ「箒」を使ったのだろう？

これはまず、魔女の伝説に由来している。昔、市井の人々にとって、魔法を使う一番身近な存在は、魔女だと思われていた。

そして数ある生活道具の中から、箒が選ばれた理由は何か？　というと、その疑問に応えてくれる説はいくつかある。ひとつは、箒は「全ての女性が使っているものだったから」というものだ。当時はどこの家でも、箒を入り口の戸に立てていたり、煙突に突き通したりしておく、というのがならわしであった

という。

つまり、箒というのは、女性の象徴であり、最も身近で親しみのある生活道具だったのだ。そういう、非日常そのものである魔法とかけ離れているはずの、日常の象徴だからこそ、そんなものまで魔女は邪悪なものに変えてしまうのだ、と考えられたのである。

また、はるか古代から行われていた、土着の精霊や神を信仰していた人々による豊作祈願から来ているという説もある。彼らは、箒にまたがって飛んだり跳ねたりすることで祈願していた。それを見たキリスト教徒たちが、これを邪教の呪いのダンスだと解釈し、それが魔女に組み込まれ、次第に「魔女は箒で空を飛ぶ」という考え方になった、とも言われている。

また、魔女も始めから箒に乗っていたわけではなく、一六世紀初頭のドイツでは、魔女は熊手、ただの棒、シャベル、また動物の形をした魔物に乗っていた、という記録も残っている。

もちろん、こういうもののルーツは何かひとつと限らず、様々な伝承や目撃談が重なりあって出来上がっていたのだろう。

決まって「ローブ」に「とんがり帽子」姿で描かれる理由とは

魔法使いのオーソドックスな姿は「フードつきのローブを羽織ったとんがり帽子」スタイルだろう。ハロウィンのコスプレでも、この姿をする人は多いようである。

どうしてこのイメージが定着したかといえば、それはディズニー映画の『シンデレラ』に登場した魔法使い、フェアリー・ゴッド・マザーを代表とする、魔法使いから来ているものが多いだろう。

つまり、テレビや映画、漫画の中のイメージによって植え付けられた部分が強いと思われる。

では、そのさらに元はなにか？

といえばこれもまた、「魔女」の伝説が大きく関係している。

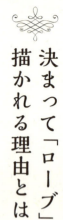

ローブ姿は、ある「魔女伝説」から生まれた

詳しくは別項（104ページ参照）に譲るが、中世に「魔女狩り」という、神の力以外に超自然的な力を使ったとされた者が「魔女」とされて、拷問にかけられ、宗教裁判の末、火炙りなど様々な方法で処刑されるという悲惨なムーブメントがあった。

その結果、数万～数十万もの犠牲者が生まれたという。

もしかしたら、その中には本当の魔女がいたのかもしれないが、その多くは、社会的ヒステリーから槍玉に上げられ、皆のストレスのはけ口にされた社会的弱者だった、とされるのが通説だ。

社会的ヒステリーというのは、要するに「いじめ」である。いじめの対象になるのは、攻撃されても抵抗できない、声が上げられないような、社会的な弱者である。

では、その時代の「社会的弱者」とは誰だったのか？

それは、村から離れた場所に住み、ボロ布をまとったようなみすぼらしい生

活をしていて、社会的な後ろ盾を持たず、肉体的な強さも無い、死んでも悲しむ者のいない、「年老いた女性」だったのである。

その頃の、「魔女にされてしまった異教徒の老婆」を、象徴的な姿にしたのが、あの長いローブ、クローク姿なのだろう。

とんがり帽子の持つ〝図形的〟な隠れた意味

それでは「とんがり帽子」を被っているのはなぜだろうか?

そのルーツははっきりせず、研究から様々な解釈が行われている。

その一つが、とんがり帽子が描く「三角形」が、魔法的な力を象徴している、というものである。古来、三角形は、ピラミッドを見ても分かるように、超自然的な力を集めるものだと言われていた。魔女は、その三角形をアンテナのように頭に立てることで、魔力を集めていた、という説だ。

また、別の説としては、あれは、悪魔に生える「角」の象徴である、とも主張されている。

魔女の主といわれる魔法神の一柱「バフォメット」は、人間の身体に三本の

角を持った姿で描かれる。この三本の角の代わりとして、とんがり帽子を被っていたのだ、というのである。

時代によってマイナーチェンジする「制服」

魔女への偏見がなくなった現在では、とんがり帽子から悪いイメージを受け取る人も少ないだろう。とんがり帽子を被り、ローブを着た「良い」魔女もいる。魔女を見る側の偏見はもう無い、ということなのだろう。

魔女の魔法を研究する側も、そういった時代のよい変化に合わせて、とんがり帽子への解釈を進めている。

近代魔術の中に、とんがり帽子の三角形の形を、力の集約体「力の円錐」として、とんがり帽子にエネルギーをためる、また、帽子を被っていなくても、力の円錐が頭上にあるということをイメージする、という考えがある。

「左右の足を組み合わせ、前足は足底に地をつけ、後ろ足はつま先だけを地につけ、腰をおとし、両腕を胸の前で交差させ目を閉じて深呼吸し、その後目を見開いて前に出した足の爪先から光の筋が螺旋円錐の形に回転上昇するのをイメージし、それをとんがり帽子の形に整える」というのが、その具体的な方法である。こうして作った、精神エネルギーの塊は、自身の能力を高める効果がある、とのことである。

時代が変わる中で、世間が持つイメージも、魔術師の側も、変わり続けている。

様々なものが、時代によって、少しずつアレンジされていって、今もこうして残り続けているのである。

「とんがり帽子にローブ姿」の中には、長い長い歴史が込められているのだ。

魔法は、良い魔法と悪い「闇の魔法」に分けられるのか

魔法には、良い魔法使いが使う「白魔法」とその逆の「黒魔法」がある――そう考えている人は多いだろう。これについての一応の大別はこうだ。

- 「白魔法」…ポジティブかつ人道に反さない「好ましい目的」の為に用いられる魔法全般を指す。またパワーソースが、高次のプラス存在（精霊や天使）に根差す魔法も入れる事が多い。
- 「黒魔法」…白魔術とは正反対のもの全般で、多くは「利己的な欲求」や「破壊的な目的」を扱う魔術を指す。ほぼ全ての呪いの類いは黒魔法とされる。またパワーソースを低次の存在やマイナス存在（死霊や悪霊、また悪魔）に依存する魔法もこれに分類される。

――とはいうものの、その力自体は、魔法という技術の手続きにしたがって引き出される結果であって、それ自体に善悪は存在しない。ダイナマイトが、建設工事にも戦争にも使えるのと全く同じで、力そのものに善も悪もなにもなく、すべては使う人間次第。つまり、魔法そのものに白魔法・黒魔法という境目が存在するのではなく、物事に複数の見方があるということなのだ。

強いて言えば、行為の目的が、社会に受け入れられるかどうか、また、利他的か・利己的かというのが一般的な区別となる。

例えば「悪魔祓い」や「雨乞い」は白魔術的なものの代表であり、黒魔術の的なものの代表は「呪殺」ということになるだろう。

呪術や妖術を、人を害するために行う人々がいるのは確かだが、それはそういう人間がいるから、便宜上「黒魔法」と分類されているに過ぎない。黒魔法でも使い方によっては善いことに役立てられるのである。

白魔術だろうが黒魔術だろうが、どちらも同じパワーが使え、その根源はひとつなのだ。

なぜ、「呪文」を唱えないと魔法を使えないのか

どうして魔法を使う時、呪文を唱えるのか？　それは、元々、魔法使いの祖先にあたる、神との交信を可能とする「シャーマン」や、呪術者、神の力を求める時に、神への祈りを唱えていたことがルーツになっている。

その祈りは、特殊な才能を持った者しか使えないものだったが、後の魔法使いたちは、才能の多寡を問わず、その力を安定して引き出すことができるように、「呪文」を作り上げていったのである。

「名前が全てである」という考え方

西洋魔術においては、こういう考え方がある。『聖書』中の「創世記」において、宇宙は「言葉」によって作られた、とされた。そのため、魔法使い達は「言葉」には、巨大な力があり、その意味を知り、理解することで、世界その

ものを操れる、と考えられたのだ。この、言葉の力の引き出し方を研究することで生まれ、発展していったのが「呪文」であるという事なのである。

聖書文化圏でない、東洋にも同じ発想がある。霊界には「マントラ（日本語では真言）」と呼ばれる言葉があり（「オーム」「カーン」「アビラウンケンソワカ」などという言葉を耳にされたことはないだろうか）それを唱えると起こる霊的な振動が、宇宙の振動に共振し、その力が得られるとされた。お寺にゆくと、賽銭箱の向こうに、由来のある仏の真言（たとえば、お薬師様なら「オンコロコロセンダリマトウギソワカ」）が書かれていることも多い。

「無言呪文」を使えるのはどんな魔法使い？

言葉を介さない「無言呪文」の類も存在するが、これはどういうことかといえば、そもそも神は呪文を唱えず奇跡を起こすわけで、つまり理《ことわり》を理解し、膨大な魔力を持っていれば、直接その力を引き出すこともできるのである。

それは、感覚で体得しているほどの、その魔法への理解と、圧倒的な才能か長い時間をかけて貯めてきた魔力があってこそ、実現できるものである。

現代文明から離れ、なぜ中世のような世界で暮らすのか

多くの魔法使いが、中世めいた世界を好んだり、また近代文化とは距離を置いた暮らしをしたりするのを好むのは何故かといえば、魔法使いの歴史は、偏見との戦いの歴史だったからである。

第一に、人里から距離をとる理由は「迫害」から逃れるため、というのが大きいだろう。人と違う能力を持っていたり、そんなものを信じていたりしていれば、始めはいいかもしれないが、次第にそれを恐れられ、一般の人とは距離が離れていく。そして、何か事件があったら、全て「魔法使い」のせいにされかねない。「魔女狩りの時代」はまさにそうだったのだから。

過去、超越者として尊敬され、社会的地位を確保していた「シャーマン」も、予言を外し、つまり魔法の力を無くしたら、それまでの責任を取って殺されなければならない、という風習があったほどである。超越者は一般人から見れば

危険な存在なのである。現代でさえ、「魔法に興味があるんだ」などといえば、おかしな人間だと思われて距離をとられかねない。魔法の力が真剣に信じられていた昔なら、もっとひどかったのは想像に難くない。だから、始めから適切な距離を取るのがベターだと、それは遠い昔から思われていたのである。

「魔法の使いやすさ」を重視しているから

また、別の理由としては、魔法を使うものは、科学よりも魔法の力をより信仰しているために、近代文化を利用はするにしても、好んではいない、ということが大きいだろう。最も魔法が栄えた時代を良きもの、黄金時代と考えれば、その頃に近い暮らし方をしようと考えるのは当然ではないだろうか。

必然的に、暮らしに使う細かな道具、家具なども、その頃の雰囲気に近いものが選ばれることになり、全体的に中世時代の暮らしに近いスタイルになっていくのである。

またもう一つは、力のリソースの問題である。魔法は、そのほとんどが、大自然や、超自然の力を借りて使われるものだ。

それなら当然、術者の周りには、自然や超自然の力が多ければ多いほどよいのというのが当然だ。水の魔術を使うのに、コンクリートに囲まれた町の真ん中よりも、澄んだ水に恵まれた場所の方が、より高い効果が出るのは感覚的に理解できることだろう。星の力を借りた召喚魔法であれば、地上の灯りと暗い闇しか見えない都会で行うよりも、より星に近くその光を多くあびられる、山上などで行うほうがよい、という訳なのだ。

ただ、全ての魔法使いが中世のような暮らしを好んでいる訳ではない。例えば「テクノマンサー」と呼ばれるような、魔術と科学を組み合わせ、インターネットの情報網を駆使して、呪文や魔導書、魔法陣を組み立てるような、新しいスタイルの魔法を駆使する存在がいる。漫画やゲームにも数多く登場しているだろう。彼らは、都会の闇の中でこそ、その真価を発揮することができる、近代に対応した魔法使いなのである。こういう魔法の形を、今も研究している魔法使いも決して少なくないそうだ。

「魔法」は、現代でも進化、変化し、新しいものが生まれ続けている。

COLUMN

魔法の世界は「現代」になれるか

最近のアニメなどでは、科学と魔法の混在した未来魔法世界といった舞台も多く使われている。けれども、このような世界は、本当に存在できるのだろうか。

それは科学の発展を考えてみれば分かる。科学は、人間が無力にうちひしがれるときに発達してきた。病気で人が死んだ時、人は医学を発展させた。戦いで敵に味方が殺された時、人はより進歩した兵器を発明した。

問題は、魔法が充分に発達した社会で、科学を発展させる意欲が、人間に涌くのだろうかという点だ。

もしも、魔法が強力ならば、あまり役に立たない科学に頼るのではなく、より有効な魔法に頼るのではないだろうか。どう考えても、その方が役に立ちそうだ。

つまり、未来魔法世界は、普通では出来そうもない。

現代社会が科学を発展させてきたのは、正直言って、魔法や奇跡が役に立ってくれなかったからだ。だから、やむを得ず、科学を使うことになった。幸い、科学には、再現性があったからだ。もしも、魔法や科学に再現性があって役に立つのなら、科学に頼る必要などなかった。

だが、魔法の世界で科学に頼る状況も考えられなくはない。例えば、魔法では絶対に勝てない相手がいる場合だ。これには二種類考えられる。

一つは、魔法が役に立たない場合だ。魔法の効かない怪物などがいるとか、魔法で治らない病気があった場合、他の手段を探すしかない。

もう一つは、魔法の才で勝ち目がない場合だ。例えば、エルフの方が魔法の才で優れていて、魔法を使っている限り永遠にエルフの下位に甘んじるしかない場合、他の分野で戦おうと考える。その分野として科学を選ぶことは、あり得る話だ。

魔法の世界でも、このような事情があれば、科学も発達して、魔法と科学の混在するアニメっぽい世界が作られる可能性もある。魔法だけでは何かが足りない。そんな世界が未来魔法世界を作り出すだろう。

1時間目

幻の生物・種族とその生態

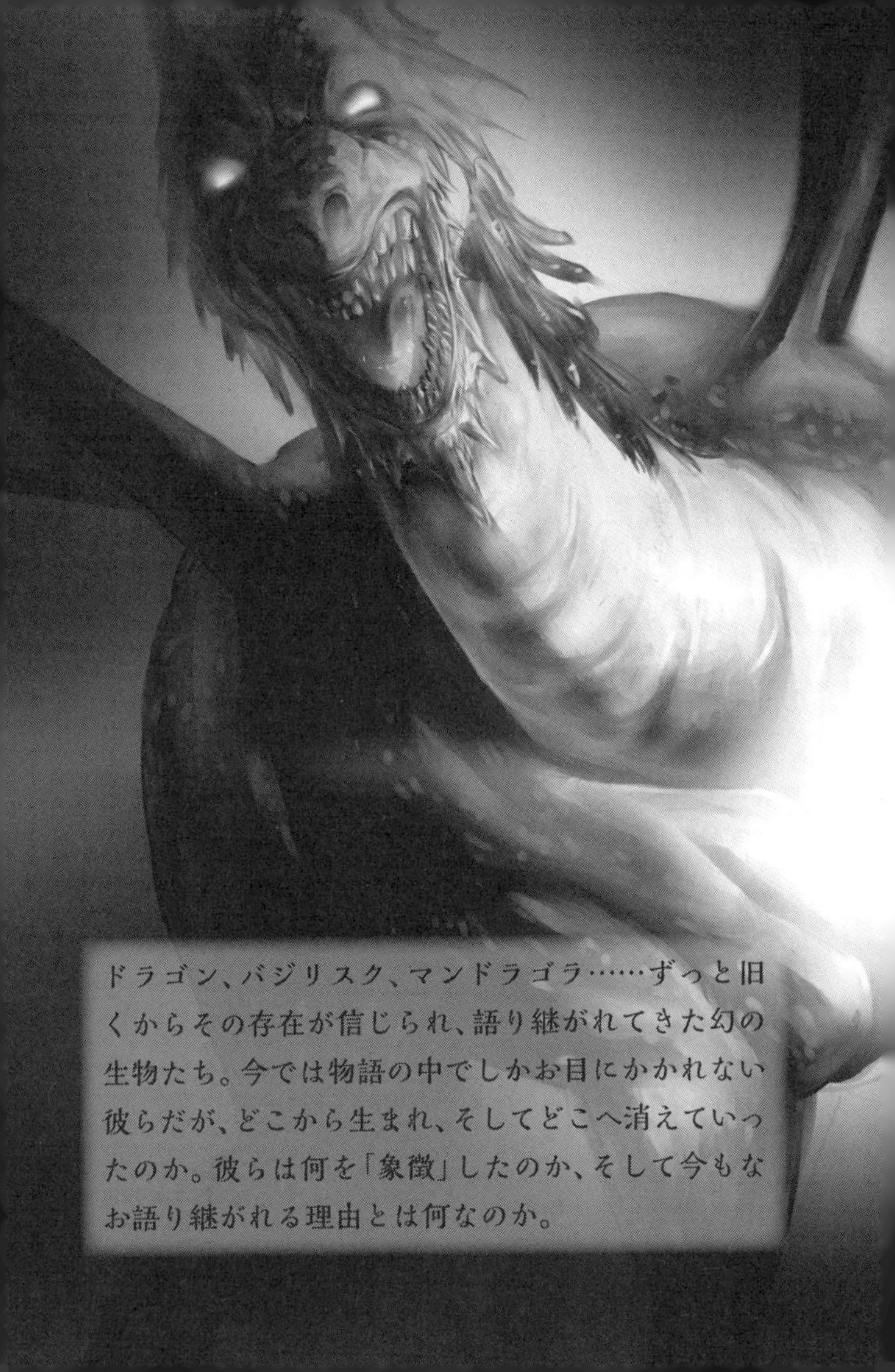

ドラゴン、バジリスク、マンドラゴラ……ずっと旧くからその存在が信じられ、語り継がれてきた幻の生物たち。今では物語の中でしかお目にかかれない彼らだが、どこから生まれ、そしてどこへ消えていったのか。彼らは何を「象徴」したのか、そして今もなお語り継がれる理由とは何なのか。

ドラゴン

悪魔であり神である、世界中に伝説を残す超生物

ドラゴン、日本でいう龍は、魔法世界の住人の中でも、一際変わった特徴を持っている。どういうことかというと、「似た生物の伝説が世界あらゆる場所に残っている」というのは割とよくある話だが、不思議なことに洋の東西で性質がまったく違うのだ。だいたいイランとインドの間で分かれているようだ。

西洋でドラゴンといえば、それは悪魔の化身であり、人々に滅びをもたらす存在だ。一般に四足で蝙蝠《こうもり》のような翼を持ち、ほとんど不死身に近い生命力を持つ。多くの場合、民衆に害を及ぼすほとんど天災のような存在となっている。

その中でも最強のドラゴンは、新約聖書の『ヨハネの黙示録』に登場する大魔王サタンの化身、黙示録の龍（ドラゴン・オブ・ジ・アポカリプス）と呼ばれる個体だろう。これは尾のひと振りで天の星の一〇分の三をはたき落とすほどの力を持っていたという。

このような、魔神の中の魔神であるドラゴンという存在が、東に行くと、グ

ンと神性が増す。中国では「鹿の角、駱駝《らくだ》の頭、鬼の目、大蛇の体、蛟の腹、鯉の鱗、鷹の爪、虎の掌、牛の耳」という、あらゆる生物の要素を同時に持った、神秘的な生物とされている。また古代中国の始まりにいた伏羲《ふっき》、女媧《じょか》、神農という、理想の統治を行い、人々に文明を与えた三柱の神様は、人面蛇体のドラゴンだったとされることから、歴代の皇帝は龍に例えられた。

日本では、さらに神聖な存在という認識である。「悪竜」という存在はさらに少なくなり、水を司る「龍神様」などとされ、畏れ敬われるケースが多くなる。

ドラゴンは、元々は「川」を象徴したものだと言われている。川は、人々に水と実りをもたらすが、時には暴れ川として流域に洪水を起こす。その意味では、元から神性と魔性の両方を持っていた。それがイランとインドという、古代に敵対していた国で、片方が神として崇められ、もう一方が魔として恐れられるようになった。それが、東西に延びていって、西側では悪魔、東側では神となったと言われている。

西洋において、「龍退治の物語」がたくさん存在するのは、ドラゴンが悪である地域の影響下にあるからなのだ。西洋でドラゴンは崇拝者を無くし、東側にだけ、神聖なドラゴンの伝説が残っていったのだ。

なぜ「蛇」は、悪魔的で神聖な龍の姿を獲得したのか

世界中どこにでも存在し、脱皮して生まれ変わるように見える「蛇」は、古代から神秘的な存在と思われていた。実際、世界中に蛇を神様として崇める文化は存在している。ドラゴンは元をたどると、蛇を神格化して生まれたものなのだ。実際、古いドラゴンには脚が無いものが多い。

話がそれるが「海千山千」ということわざが日常的に使われるが、これは「海で千年、山で千年」修行をすることにより、龍になることができる、という言い伝えからだ。ちなみに、修行前の龍は蛇や鯉の姿で描かれるが、生物ならなんでも修行さえ終えれば龍になれるとも言われている。

今も、様々な形で、多くのドラゴンについて語られている。現代の我々も、伝説や物語の中で見たドラゴンという存在に魅入って、様々な新しいドラゴンを生み出しつづけているということなのだろう。

グリフィン・ヒポグリフ

その姿は、古来より多くの人々の憧れだった

伝説には、動物の強いところと強いところを合わせたモンスターがしばしば登場する。その中でもギリシア神話に登場する「キマイラ」（獅子、竜、山羊の三つの頭と蛇の尻尾を持ち、体は獅子で龍の翼で空を飛ぶ）に並んで有名なのが、胴体と四肢が獅子、顔と翼が鷲という姿で描かれるグリフィン（グリフォン、グリュプスとも）だろう。

その歴史は、下手な神様より古く、ドラゴンに匹敵するという説もあるほどである。起源は古代オリエントやインドにまで遡り、二〜三世紀のギリシア、ローマにおいて、実在を示唆する記述が複数存在している。

グリフィンの体の大きさは様々で、巨大なものでは、なんと体高一五mにも及んだとされる。そして生息地域が非常に広いのが特徴で、オリエントやインドにとどまらず、北極圏やエチオピア、黒海周辺、生息場所も砂漠、切り立った崖、草原地帯など、様々な場所に住むといわれた。

生態は鳥に似ており、巣を作り、そして瑪瑙《めのう》の卵を産む（ギリシアの『フュシオロゴス』という数々の動物の生態を記した書においては、鳥類に分類されている）。またグリフィンの巣には、大量の黄金が集められているという。人畜を襲う獰猛な性質を持つ魔獣であると同時に、ギリシア神話では、神々の車を引く、という神聖な役割を担わされることもある。

ヒポグリフという〝不可解な〟存在

グリフィンの大きな特徴として、なぜか「馬が嫌い」というものがある。グリフィンは、馬を見ると我を失い、無残に殺さずにはいられないのだという。但し、そうされるのは雄馬のみで、牝馬は孕まそうとするという、変わった習性も持っている。そうしてグリフィンに襲われた牝馬から生まれるのが、馬の体に鷲の頭と翼、鉤爪を持った「ヒポグリフ」なのである。ヒポグリフは、仲が悪いはずの間柄から生まれたものなので、「不可解なもの」「有り得ないもの」の象徴としても扱われる。

ヒポグリフは、グリフィンほどには大きくならず、人にもなつくことがあり、人を乗せて空を飛ぶこともしばしばだったという。

ヒポグリフは、カール大帝の時代、七世紀から八世紀あたりには数匹フランスにおり、彼の姪である美貌の女騎士ブラダマンを背に乗せ、空を飛んでいた、という記録が残っている。

古来より様々な思いが込められたシンボル

地上の王である獅子と、大空の王である鷲を組み合わせた姿は、たくさんの人々に、豊かなイメージを与えてきた。発祥の地であるインドやオリエントだけでなく、ヨーロッパにも伝わり、王家や貴族の紋章として度々使われた。ある時は強さと正義の象徴、ある時は悪魔としても扱われ、七つの大罪の「傲慢」を意味することもある。

正義と権威の象徴を組み合わせたものながら、悪魔の力も合わせ持つとみなされたことから、神秘学者たちにも愛され、多くの魔法使いたちのシンボルにもなった、魔法にも縁が深いモンスターである。

フェニックス

誰もが求めた「永遠」の象徴は、いかに誕生したか

不死鳥のこと。手塚治虫の『火の鳥』に登場することで世の中に広く知られている。語り継がれるその姿は「大きさは鷲ほど、金色で薔薇色と青色が混ざった姿」「大きな鶏冠を持ち、首は黄色、背中は藍色、翼は赤、尾は緑と黄色に赤の筋のある孔雀に似たもの」など様々だ。

そして、フェニックスといえば、その不死性である。正確にいえば死なないのではない。「寿命（五〇〇年前後というのが一般的だが、一四六一年生きるとも、また三万六〇〇〇年生きるという説も存在する）が来ると、火の中で若い姿で生まれ変わる」のである。その蘇り方は様々だ。

エジプトの伝承では「香木の置かれた祭壇に舞い降り、そこに火をつけ我が身を燃やし尽くす。その灰の中には小さな芋虫のような生き物がおり、それは翌日に羽をはやして鳥になり、三日目にフェニックスの姿になる」とある。また古代ローマでは、自ら薪を組み上げ、そこで身を燃やすと灰が集まって鳥の

姿になる、と伝わっている。「死期が近づくと巣に篭り、死んで腐敗した身体に沸いたウジが不死鳥となる」という変わった説もある。

余談だが、漫画『火の鳥』のように、その血を飲むと不死身になるという伝承は多くは残っていない。食べると不死になる「人魚」の伝説と混ざって生まれたものなのだろうと思われる。

実は「悪魔」として畏怖された歴史も持つ

東洋では鳳凰や朱雀に変化し、日本でも親しまれるなど、誰もが求める永遠の命の持ち主として、様々な人間に求められた存在であるフェニックス。

その一方、理解できないものとして畏れられてもきている。その証拠として、『ゲーティア』という魔術書で語られる「七二の魔神」のうちの一柱に「フェニックス」の名前があるのである（三七位に魔神サロスの代わりに入ることが多いが、位階が違ったり、全く入らなかったりする場合も）。

これは、生命そのものの姿として、様々な形で人の心に生き続けている証拠ということなのであろう。

バジリスク

蛇、鶏、トカゲ…様々な姿で描かれる王侯

蛇系の魔物は、大きく分けて「大蛇系」と「毒蛇系」がいる。その「毒蛇系」のスーパースターがバジリスクだ（大蛇系の代表は普通はドラゴン、日本でいえば「ヤマタノオロチ」ということになるだろう）。

その名前は、ギリシア語で「王侯」という意味で、そこから「蛇の王」とも呼ばれる。伝承によると、その体長は一五～三〇㎝と小型だが、恐るべき魔物である。なぜかといえば、毒を持ち、その毒の効果は尋常ではないからだ。槍を突き立てればそれを伝って人間は絶命し、その周囲にも影響を与えるほどのものなのだそうだ。

バジリスクは砂漠に住むが、砂漠を生息地にしているという訳ではなく、バジリスクがいるから砂漠になる、という方が正しい。言い伝えに、数万年前は豊かな植生のあったリビアや中東が砂漠になったのは、この怪物が住んでいたからだ、とされるほどだ。

では離れていればいいかというと、そうすると毒液を飛ばしてきて、それに触れれば狂犬病になってしまうし、仮に毒に対してなんらかの形で対処ができたとしても「邪眼」と呼ばれる視線に捉えられると、石化してしまうという手に負えなさである。ドラゴンのような神に近い存在とは違い、あくまで生物のカテゴリの中におさまるもののようだが、あまりに危険なため『旧約聖書』の中でも倒されるべき悪竜の一種とされている。

蛇なのか、鶏なのか。コカトリスとの違いは

冠を持った小さな蛇、というのがおそらく最古の姿だが、各地で人気を獲得したため今では様々な姿で描かれる。大蛇として語られたり、蛇でありながら多脚の姿をもっているとされたり、また鶏のイメージが付け加えられたり、毒蛇系の怪物はしばしばトカゲ型の怪物と同一視される習わしがあることから、トカゲの姿を与えられたりと多種多様だ。

バジリスクの亜種として有名なのが、ほぼおなじ能力を持つ「コカトリス」である。コカトリスは一般に、雄鶏の頭と竜の体と翼（雄鶏の翼とも）そして

蛇の尾を持つとされ、しばしばバジリスクと混同される。この姿のバジリスクは（コカトリスも）、鶏とガマガエルの間に生まれた卵を蛇が温めるか、あるいは朱鷺が蛇を飲み込んだ結果生まれた卵から誕生する、とされている。

バジリスクを退治する2つの方法

おおよそ無敵の存在に思えるバジリスクであるが、弱点も存在している。まず、「バジリスクに見つかる前にバジリスクを見る」というものだ。そうすると、バジリスクの方が先に石化するという。もう一つは、芸香《うんこう》の草（ヘンルーダの花が開花した時の葉）を食べさせたイタチにより退治できるとされている。

伝説の住人そのもののような存在だが、一五七八年、ポーランドのワルシャワにこの蛇が現れ、パニックが起きたという記録が残っている（この時は、死刑囚に退治が申し付けられ、槍で退治に成功し、その者は英雄となったという）。

現在の話になると、バジリスクという名前のイグアナが実在する。毒を持っているわけではなく、とさかを持ち、恐竜のような外見からこの名がつけられたものである。

狼男

人間の「対極な存在」として描かれる獣

狼に変身する人間のこと。英語ではワーウルフ(ライカンスロープともいう)、ドイツ語ではヴェアヴォルフ、フランス語ではルー・ガルーなどと呼ばれている。

その正体は何かというのは諸説様々だが、邪悪な魔法使いと吸血鬼と共に語られ、古代ローマでは、吸血鬼と人間のハーフが狼男になると信じられていた。

なぜ狼の姿に変わるのか？　それは、神を信じる善良な人間は「神の子羊」と呼ばれ、狼はその対極に位置する存在だとされたからだと言われている。また、なぜ蝙蝠になる吸血鬼から狼が？　という疑問が生まれるだろうが、それは順序が違うのである。

吸血鬼に蝙蝠の属性がついたのは、一九世紀になりチスイコウモリという吸血コウモリが発見され、そのイメージを取り入れたドラキュラ伯爵が登場する小説『吸血鬼ドラキュラ』が大ヒットしてからなのだ。当初の吸血鬼には、蝙蝠のイメージはなかったのである。

蝙蝠の属性とは関係なく、吸血鬼の魔性が人間を子羊から狼に変じさせる、というようなイメージから、人間と吸血鬼のハーフが狼男となると考えられたのだろう。

狼男は、一般に、満月のパワーで変身するとされる。しかし、別の説ではトリカブトやベラドンナといった毒草に、人と狼の血などを混ぜ、絞首刑になった人間の革でできた腰帯を身につけることで、任意に変身できるともいわれる。

狼男は「確実に」殺さないと危険

野獣の殺戮本能と戦闘能力、そして人間の知恵を持った、非常に危険な魔物であり、「神の子羊」であるとされる善良な人間の対極に位置する存在として警戒されてきた。そのため、研究され、対策も進んでおり、弱点もいくつか見つけられている。

ひとつは、尿を浴びせること。すると狼男は人間に戻るとされる。また十字架に代表される、聖なるシンボルを突きつけた時にも人間に戻るという。

人間に戻れば、退治することは容易ではあるが、狼男を殺すと今度は吸血鬼となって生まれ変わるとも言われるため、非常に厄介だ。

狼男を確実に滅ぼすには、生きたまま焼き殺すか、銀の十字架を溶かした弾丸で撃ち殺す、という方法が知られている。

なぜ、人間と狼という「2つの姿」を持つのか

変身する理由は、人間の身体では絶えられないほどの力を開放するために、欧州最強の動物、狼の姿を模すのだと言われている。同種の存在で、アジアにいるものは虎になり、アフリカでは豹や獅子になる、ということがこの説を補強している。

獣化能力を持った存在は、世界各地に存在しており、これら全て指し「シェイプシフター（姿を変える者）」という名前の分類が与えられている。

ケンタウロス

「賢さ」と「粗暴さ」を与えられた半人半馬

ケンタウロスは、馬の首から上の部分に人間の上半身がついた半人半馬の種族の名であり、テッサリア地方のペリオン山に住んでいたという。

ギリシア神話の主神・ゼウスの妻である女神ヘラを誘惑しようとした若者イクシオンが、ゼウスが作ったヘラをかたどった雲にだまされて交わった結果生まれたとも、ケンタウロスという名の彼の子が馬と交わった結果、たくさんの半人半馬が生まれ、その一族の名もケンタウロスとなったともいわれている。生息地である「テッサリアに住む蛮族」から来た名だ、という説もある。

ケンタウロス族の中で最も有名なのは、賢者・ケイローンである。

旧き神である巨人の血をひき、太陽神アポロンの親友であり、文武両方を極め、アキレウスやイアソンといった英雄の中の英雄を育てている。加えて医学・薬学については、医神アスクレピオスに匹敵し、死者をも蘇らせる力もあったという。

夜空に輝く射手座は、彼が死後、空にあげられ星座となったものだとされている。

騎馬民族を恐れる心が「無秩序」の象徴として結実した

ケイローンは、非常に優れた者として名前を残しているが、それは稀有な例外で、ほとんどが野蛮だった。ラピュタイ族の王ペイリトオスの結婚式に招かれた際は、花嫁と列席者を襲おうとして戦争を引き起こした挙句に退治されたり、酔ったヘラクレスに一族揃って打ちのめされたりと（前述のケイローンは、この時ヘラクレスの放った、多頭の巨大毒蛇ヒュドラの毒が塗られていた流れ矢に当ったことで生命を落としている）大抵の場合やられ役である。彼らは、征伐されるべき無秩序の象徴として扱われていたのである。

ケンタウロスのイメージは、騎馬民族と出会ったことがない欧州の人々が、アジア人の騎馬兵団を見たことで生まれた、という説が有力だ。

マンドラゴラ

殺人的な叫び声を発する人の姿をした魔法の草

「マンドレーク」ともいわれる。地中海地域のあちこちに生育しているとされる根の部分が人の形をした植物で、男型と女型がある。

処刑場の絞首刑に処された人間の流した体液がこぼれた場所に生え、その主が男なら雄株に、女なら雌株になるといわれている。古代アラブ人やゲルマン人は、その根に悪霊が住み着いていると信じていた。

夜になると赤く光るが、人が近寄ると縮んで隠れるため、発見は難しい。ただし、小便をかけると硬直する。

最大の特徴は、引き抜くと血を流し世にも恐ろしい叫びをあげ、それを聞いたものは苦しんで死ぬ、というところだろう。

なら近づかなければいいのでは……という話にはならない。なぜかといえば、マンドラゴラの根には、強力な魔術的特性が秘められていると言われたため、求める者が後を断たなかったからだ。

Mandragora

古くは、聖書の『創世記』に登場し、キリストの父となるヨセフの母であるラケルにマンドラゴラが与えられ、その力でヨセフが生まれたというエピソードが残っている。さらに、質問に答えて未来予測をしてくれるアイテムになり、薬としても媚薬や麻酔薬として高い効果を発揮するとされたので、求めるものが後を絶えなかった。そのために、マンドラゴラをなんとか無事に抜く方法はないかと様々な思案が重ねられたのである。

あくまで、死に至るのは叫びを聞いた時で、呪いのような、それを求めた人間を追いかけてくるような性質は持っていないため、掘る方法は存在する。

旧くから残るやり方では、根の僅かな部分を除いて、周囲に穴を掘って抜けやすくし、犬や豚を繋いで引かせるというものが伝えられている。犬・豚は絶命してしまうが、マンドラゴラは無事掘り出せるというわけである。

今現在なら、例えば機械を使って、遠隔操作で抜いてしまう方法が使えそうなので、結構あっさり手に入れることができそうだ。

大蜘蛛

愛され、恐れられ、人々を魅了する「タランテラ」の伝説

蜘蛛の怪物といえば、近年では『ハリー・ポッター』シリーズに登場する八つ目の「アクロマンチュラ」が有名だ。

蜘蛛の化物は、世界各地に多数存在しているが、その中で最も有名なのは「タランチュラ」だろう。タランチュラは、イタリアの港町、タラントに残る伝説に登場する巨大蜘蛛で、噛まれると「タランティズム」という病を発症する。この病に冒された者は、踊り狂って死ぬとも、あるいはそのままだと死に至るが「タランテラ」という名の激しい踊りを一晩中踊り抜くことができれば助かるとも言われている。

タランチュラの伝承では、人々に恐れられ、愛され、実際にこの地方に生息する大型のクモ（コモリグモの一種）がタランチュラだとされた（もちろん、舞踏病を発症するような毒は持っていない）。

その後、この伝説が世界中に広がり、タランチュラは大蜘蛛の代名詞になっ

た。

「アクロマンチュラ」も、ここから生まれたものだろう。アクロというのはギリシア語で「最高」という意味なので、最上位の蜘蛛の怪物、といった意味だと思われる。

日本にも残る大蜘蛛伝説

日本に残る由緒正しい神話『古事記』『日本書紀』に、「土蜘蛛」と呼ばれる蜘蛛の怪物が登場する。それは、鬼の顔をした巨大な蜘蛛で、平安時代の武将、源頼光が、昔話の「金太郎」が成長した姿である坂田金時ら、頼光四天王と共に二度、退治した記録が残っている。

一度目は、七尺（約二一〇㎝）もある法師が変化した四尺（約一二〇㎝）の大蜘蛛で、二度目は女に化けた雌蜘蛛だったという。

また一説には、土蜘蛛の正体は大和民族に滅ぼされた日本の先住民族の怨霊であり、それが蜘蛛の姿になって現れているのだ、とも言われている。

ケルベロス

由緒正しい血筋から生まれた三つの頭を持つ「地獄の番犬」

ギリシア神話に登場する地獄の番犬・ケルベロス。三つの頭を持つ巨大な猛犬という姿が知られているが、生きた蛇の尾を持ち、首の周りに無数の蛇が生えた巨大犬とされることもある。ギリシア史上最強最大の怪物で「台風」の語源にもなった「テュポーン」と、蛇の女神「エキドナ」との間に生まれた魔獣だ。

なぜ、「蛇」と「台風」から「犬」が生まれるのか？　実は、テュポーンとエキドナは、獅子・龍・山羊・蝙蝠の合成獣「キマイラ」や、下半身は魚で一二本の触手と六本の長い首、三列に並んだ歯を持つという「スキュラ」、ケルベロスの弟にあたる双頭犬「オルトロス」といった、恐ろしい魔獣を他にも多数産み落としている。エキドナはギリシア神話の有名な魔物をことごとく生み出す役割を担っていたのである。

さて、ケルベロスは、冥界の門におり、生者の世界に逃げ出そうとしている亡者を逃がさず、また生者が冥界に入るのも許さない。三つの頭は、冥界の外・内・境界を見張っている。三頭故死角がなく、三つの頭が順番に睡眠をとれるため不眠で監視できる最強の門番なのである。またその鳴き声は、青銅の器具をこすりつけた時に立てる音に似ており、聞いただけですくみあがり動けなくなるほど恐ろしいものだという。

非常に強力な存在であることは、英雄ヘラクレスに数々の難業が与えられた「ヘラクレス一二の試練」において、彼を確実に死に追いやるための「絶対不可能な最後の難業」としてその捕獲が申し付けられたことが証明している。

なぜ、ケルベロスは「音楽」に弱いのか

『ハリー・ポッターと賢者の石』に登場するケルベロスは、やはり獰猛で優秀な番犬ではあるものの、音楽を聞くと寝てしまう性質を持っていた。これは、妻エウリュディケに先立たれた竪琴の名手オルフェウスが、妻を取り戻すべく冥界に入り込もうとした時、ケルベロスに竪琴を聞かせて眠らせることに成功し、冥界の門を超えられたというエピソードから来ているのだろう。

ゴブリン・ホブゴブリン

ヨーロッパ中の伝承に姿を見せる「小鬼」

ヨーロッパの民間伝承に登場する低級な鬼族、また低級な地霊の一種ともいわれている。イギリスではブラウニー、ドイツではコボルト、ロシアではドモヴィックと呼ばれる存在と同一のものらしい。

外見は醜い小男である。彼らへの一般的なイメージは、映画『E.T.』によく表れている。E.T.に主人公の少年エリオットが始めて出会った時「ゴブリン！」と呼ばれていることから分かるように、小さくて身体は細く、ギョロっとした目を持っている、というのが共通認識なのだ。『スパイダーマン』に「グリーンゴブリン」という、やはりそのような姿をとった悪役が登場するのを映画で観た方も多いのではないだろうか？

元々は、ヨーロッパの民間伝承に残っていたひねこびた妖精だが、子供向けの絵本や、様々な昔話に登場するため非常にメジャーといえる。

洞窟や地下世界に住むが、美しく善良な子供と、大量のぶどう酒のある家に

引き寄せられ、その部屋にこっそり住み込み、良い家庭であれば、夜の間に雑事を片付け、利口な子供にはご褒美を与え、悪いことをしたらお仕置きをするとされる。

善悪の区別をつけ切れない不思議な立ち位置

このように、人間に敵対しているわけではないのだが、友好的なものとは言い切れない。ちょっとした悪意を持っている種族も多く、鍋釜をけたたましく鳴らす、布団を引き剥がして睡眠を邪魔する、馬に乗って暴れさせて田畑を荒らす……といった人々を困らせる程度の悪事から、命に関わるような悪ふざけをすることもあるので厄介がられている。

床に亜麻の種を蒔くと、ゴブリンはその種を一つ一つ拾い始めるが、朝までに片付けきれず、これを何晩か繰り返すと、その家にいるのに嫌気がさし、去っていくという。

彼らは気まぐれで、人間から見て良いことも悪いこともするので、昔の人も、その取り扱いに困っていたフシがある。そのため、こういう存在は、善良なものと邪悪なものにはっきり分ける考え方もある。

例えば『白雪姫』に登場する、陽気で髭を生やした小人「ドワーフ」は、元々の存在は、ゴブリンと近かったものだが、人に対して良いことをしてくれるため、ゴブリンとはっきり分かれたものだ、という説がある。

「ホブゴブリン」は、どう違うのか

「ホブゴブリン」というのは、ゴブリンの上位種である。「ホブ」というのは、「大きい」また「悪魔的な」という意味だとされ、一般的にゴブリンより、二～三周り大きいとされている。世界初のテーブルトークRPG（コンピューターを使わない、ボードゲームタイプのRPG）『ダンジョンズ&ドラゴンズ』でメジャーになり、様々なゲームに登場することで知名度を上げている。

「ゴブリン」は、日本では、国民的RPGの『ファイナルファンタジー』の初期シリーズで、レベル稼ぎ用の最弱敵として登場し（『ドラゴンクエスト』でいうスライムの役割）、大きく知名度を上げた。その後は、様々なゲームでわらわらと登場する弱い敵として登場し、知名度を上げている。

トロール

醜く愚かな存在として描かれるが、その正体は…

現在では、緑色の巨人で、大きな棍棒を武器にし、ゴブリンの上のオークより強力な巨人族の一種、というイメージが強いだろう。

元々は北欧神話に登場する精霊である。トロル、トロルドとも言われる。トロールは北欧では古くから日常に隣接した存在で、その姿は地域によって多種多様なのである。最も有名なのは、絵本『三匹のやぎとがらがらどん』に登場するような、悪魔的な毛むくじゃらの巨人というものだが、デンマークでは赤い帽子を被り、職人用の革の前掛けを身に着けた白ひげの小人だし、エブレフト地方に伝わるトロールは、背中にコブがあり、大きなかぎ鼻をしていて、赤い帽子を被っている。またノルウェーの女トロールは、赤い髪をしており、とても美しいと言われている。

『ムーミン』に登場するムーミンやノンノン、スノークたちも、「ムーミントロール」と言われる北欧の伝説に残る妖精たちである。『となりのトトロ』に登場

するトトロも、劇中でヒロインのさつきが言うとおり、トロールの一種である可能性がある（劇中で前述の『三匹のやぎとがらがらどん』を読んでいたからたまたまトロールの名前が出てきただけで、実はまったく関係ないかもしれないが）。なぜ、これほど様々な姿があるのか？　というと「トロール」という名前は、人里離れた山々や、洞窟などに住むとされる妖精たちの総称だったからだろうと考えられる。

「醜悪な化け物」としての姿は誰が生んだのか

巨大な化け物としてのトロールは、『指輪物語』が世界的に定着させたものだ。ここで印象的な活躍をしたことから、巨人族の中でも特異な存在という立場を確立し、それが『ダンジョンズ&ドラゴンズ』『ウィザードリィ』といったRPGの古典を通過して日本のゲームにも登場し、現在は、ゲーム中盤程に登場する強敵として欠かせない存在になっている。もちろん、映画の『ロード・オブ・ザ・リング』でも、その醜く恐ろしい姿を見せてくれている。

ユニコーン

広く実在が信じられ、その力を求められた神獣

額から二フィート前後（約六〇㎝）の角を生やした、白い馬の姿をした神獣だ。馬の姿はしているものの、それとはまったく別種の存在である。大型でも山羊程度の体高しかないが、非常に獰猛かつ高い戦闘力を持ち、ライオンだろうが象だろうが、一撃で打ち倒すという。角には解毒能力があり、どんな毒も角を浸されれば清浄な水に変わり、もし角を手に入れることができれば、それは万能の秘薬になると言われたため、多くの人々がそれを求めた。

正攻法でユニコーンを捕らえるのは至難であるが、純粋な心を持つ処女には心を許し、その膝下で眠りにつくという習性があり、そこを狙えば容易に捕らえられると伝えられている。

西洋ではなく、実は「中東」生まれ

ユニコーンは、かなり昔からその実在が語られており、紀元前五世紀に記さ

れた『ペルシア史』には、ユニコーンの原型と見られる、角を持った獣について記されている（これは、犀や野牛など、まだ未知だった、角を持つ動物の姿がごちゃまぜになったものと考えられている）。

さらに『旧約聖書』には、二本の角が絡まって一本の角になる「レーム」という獣が書かれており、これもユニコーンのルーツのひとつであると言われている。ちなみに、現代においてもユニコーンと言われる、一本角の獣がしばしばテレビやニュースなどに現れるが、これは生まれて間もない山羊に手術をして、角の生え方を変え、二本の角が絡まって伸び、一本に見えるようにしたものがほとんどである。聖書の時代も現代も、ユニコーンの現れ方は同じというわけだ。

時代が降り、中世となっても、ユニコーンの存在は深く信じられた。モルッカ島や紅海沿岸にいけば、それを捕らえることができると伝えられたそうだ。

有力な王族、貴族の元に「ユニコーンの角」が届けられることも珍しくはなかった。これは、当時毒殺が日常の中にあった権力者達の間で、毒味、また解毒の効果があると珍重された。しかし、そのほとんどは、クジラの一種である

「イッカク」の角（正確には、角に見えるが人間でいう犬歯が長く伸びたもの）だったそうである。

また、ユニコーンの角でできた盃や匙といったものも多く出回っていたという。もちろん、信じたい者以外には、その由来は信頼がおけるものではなかったろうが。

ユニコーンの「正体」

おそらくユニコーンは多くの角を持った生物への畏れや敬う気持ちなどが集合し、それが、グリフォンのような合成生物にはならず、美しいビジョンとして一つの存在に結実していった珍しい例だと考えられる。

近代魔術においては、一角獣座を鑑賞しながら、星の世界に意識を投影することで、バラ星雲まで精神的な旅を行える（プラネタリウム内でもこれは可能とされる）と言われ、魔法的、精神的にも重要な意味を今でも持っている存在なのである。

巨人

神よりも古く、かつて神の座にいた者たち

伝説における「巨人」というのは、ただ「巨きい人」という言葉以上の意味がある。実は、彼らの多くは、神様よりも昔からいたのである。

巨人が神様よりも古い存在とはいえ、それの描写が大きな人間に留まるのはなぜだろうか？ それは、おそらくこういうことだ。神々というのは、雷であり、津波であり、夜闇であり、といったような、世界にある自然現象の擬人化である。神話に残る神に近い巨人たちは、世界の誕生より前にあった存在だ。想像することも難しいそれが、どういうものだったかと考え、結果として、自分たちと似た、しかし遥かに自分より強大な存在、正に「超人」の姿として「巨きな人の姿」というものを想像したのではないだろうか。

世界中に存在する「巨大な人」というモチーフ

天に届くほどの巨人は多い。それらは神々よりさらに前の時代から存在して

いる「古の神」といえる存在である。その代表は、中国の伝説に残る「盤古」である。盤古は天地が生まれる前にあった「混沌の卵」から生まれ、その死体の左目が太陽に、右目が月に、身体が大地になり、さらにそこから生命が生み出されたというのだから正に宇宙的規模である。

北欧の「世界創世神話」はこれによく似ており、世界の中心、虚無の深淵につながる穴「ギンヌンガガップ」で、「原初の巨人」と呼ばれる「ユミル」が生まれた。そして次に、ユミルが寝ている時に脇の下からかいた汗から巨人が、足が交わって、六頭を持つ邪悪な巨人も誕生する。

ユミルは後に、北欧神話の主神・オーディンに殺されるが、その肉は大地に、骨は山々に、歯は岩に、頭蓋を天としその四方を東西南北と定められた。

中国と北欧というそれぞれ世界の反対側に位置する場所に、似た神話があるというのにロマンがないだろうか。

また、ギリシア神話は巨人の話でもあり、大地の神ガイアと天空の神ウラノスから、キュクロプス族、ヘカトンケイル族、ティターン族という、三つの巨人の種族が生まれた。またティターン族のクロノスから「ギガンテス（ギガー

スとも)」という「ジャイアント」の語源になった巨人が生まれている。他に青銅で作られたロボット巨人「タロス」など、多数の巨人が登場した。

『聖書』にも、「ネフィリム」という巨人が登場している。聖書の中の「創世記」の記述によれば、それは天使と人間の娘の間に生まれたもので、『第一エノク書』によると、その体長は一三五〇mもあったという。

日本各地の伝承に残る「ダイダラボッチ」という巨人も、こういった神に近い巨人だろう。ダイダラボッチは、見上げる程の大きさの巨人で、東北、上州、信州を中心に、全国各地に目撃談が存在している。

ダイダラボッチは、時折土を運んで山を作り、尻もちをついた場所が湖になった、というような、地形を作った伝説が多々残っている。東京都世田谷区の代《だい》田《た》という土地は、ダイダラボッチが作った足跡にできた場所だというのが、その名の由来である。

神だった者が、愚鈍な巨人に堕ちるまで

多くの神話に共通して言えるのは、巨人はかつて強力な力を持つ存在だった

が、その後に生まれてきた神々により、その力も地位も剥奪されてきたということだ。

その影響を受けてか、様々な物語やゲームに登場する巨人は、巨体故の剛力の持ち主ではあるが、知能は高くなく、攻略がしやすい存在になっている傾向がある。

ファイヤー・ジャイアント、フロスト・ジャイアント、ストーム・ジャイアントという、超常の力を持った巨人が登場することもあるが、それはかつて、神々を凌ぐ力を持っていた頃の名残であるのだろう。

そして時代が降るにつれ、ただの「巨きい人」という意味合いが強くなっていき、トロールなどの精霊族、鬼族に組み入れられている印象もある。

最近では、大ヒットコミック『進撃の巨人』でメインモチーフとして登場し、その恐ろしさが再び注目をあびている。

この作品と、またそのフォロワーにより、神話以来の巨人の新時代が、また始まるのかもしれない。

COLUMN

「エルフ」と「ドワーフ」は同じ存在

魔法の世界に登場する二大種族と言えば、エルフとドワーフだ。

エルフと言えば、すらっと背が高く耳の尖った美形。ドワーフと言えば、背が低くてがっしりした力持ちだ。

けれども、このイメージは、トールキンが『指輪物語』で作ったもので、古くは彼らは同じものだった。

スノッリ・ストゥルルソンが北欧神話をまとめた『スノッリのエッダ』によれば、アールヴァル（古ノルド語のエルフ）にはリョースアールヴァル（光のエルフ）とデックアールヴァル（闇のエルフ）がいるとした。

リョースアールヴァルは天のアールヴヘイムに住んでいるが、デックアールヴァルは地下に住んでいる。また、リョースアールヴァルは太陽よりも美しいが、デックアールヴァルはコールタールよりも黒い。

これだけなら、現代ファンタジー小説に出てくる、エルフとダークエルフのように見える。

ところが、スノッリによれば、デックアールヴァルとはドヴェルグ（古ノルド語のドワーフ）のことだという。なんと、ダークエルフなどおらず、ドワーフこそが闇のエルフだというのだ。

また、北欧の民間伝承に出てくるアールヴァルは、身長数十㎝くらいの陽気で小さな妖精だ。どうも、人間よりも背が高く、高貴な種族には見えない。

ただ、豊穣神フレイがアールヴヘイムの王であり、その民がアールヴァルであることから、古代のアールヴァルは神の眷属《けんぞく》もしくは小神だったと考えられている。それが、キリスト教の影響で神の姿を失い、いつの間にか小さな妖精へと矮小化してしまったのだと言われている。

その意味では、トールキンは古代のエルフの姿を復活させたのだと言えなくも無い。ただ、トールキンは、キャラの差別化のためか、ドワーフの姿をずんぐりむっくりにした。本来のドワーフは、特に横幅が広いという描写はされていなかったのだが。デックアールヴァルたちは、我々はもっとスタイルが良いと怒っているかも知れない。

2時間目

「魔術」という未知なる力を解剖する

言葉の誕生よりもずっと昔から存在してきた神秘の業、魔法。その未知の力は、悠久の時間の中で、星の数ほどの人々によって追い求められ、研鑽され、そして今も受け継がれている。しかし、魔法とは結局何なのか。力の源泉はどこにあるのか。どんな種類があるのか…その「謎」を解剖する。

「魔法」には、どんな種類がある？

魔法を種類で分ける、というのは実は大変難しい。というのも、伝説に伝わる魔法は、ゲームのように「光系」「闇系」「炎系」「氷系」というように、はっきりとは分かれていないからだ。こういうと身も蓋もないが、元々、定義すら曖昧なため、はっきり分類するのは至難なのである。

しかしそれでも基準はいくつかある。それを追いかけていこう。まず分かりやすい所では、「ガイダンス」で触れた、善悪を基準にした、白魔法・黒魔法がある。ここではそれ以外の分類を紹介しよう。

一つの目安となるのは「どれだけ科学に近いか」である。

科学にどれだけ近いか、というのは、歴史的にどれだけ新しいか、ということと同じ意味だ。そのため、歴史的推移を参考にすれば、大別化することが可能になる。例えばこういった具合だ。

1：**「近代魔術」**……一九世紀に「黄金の夜明け団」にて成立した、体系的、実践的なオカルト学である。
2：**「魔女術」**……自然との調和を求め、月や大地の女神との交信を行い霊的に活性化する事や主観意識の変化を体験するもの。歴史上の自然魔術も含む事が多い。
3：**「新異教主義魔術」**……キリスト教成立以前の古代宗教・信仰を復活、継承しようとするもの。
4：**「呪術」「シャーマニズム」**……古代において「文化」として定着していた魔法の前身、のちに発展して「シャーマニズム」となる。

区分の違いは「信仰からの距離」

ご覧になれば分かって頂けるだろうが、後者になればなるほど宗教的側面が強くなる。

強引に分けてはみたが、それぞれは分かち難い程に互いに強く影響を与え合っており、明確な線引きはほぼ不可能だ。魔女術は、儀式魔術に大きく影響を与えているし、新異教主義はある意味、魔女術を大枠で取り込んでいると見えなくも無い。

そして儀式魔術が、現在において古代宗教や自然魔術を参照に、現代的な儀式や術式を編み出すものも少なくないのだ。といったように、「魔術の分類」は難しいのである。

「分類」は、物事をわかりやすくするが、それは安易なレッテル貼りをするということにもなりかねない。それでわかったつもりになれても、それは本質から遠ざかってしまっていることは多い。結論としては、魔術は特に、良くも悪くも曖昧なものだ、人から聞く以上に、それを元にして自分で考え、答えを感じとることが大事、ということになるのである。

魔女が使う術は、魔術ではない

前の項で触れたように、魔女が使う魔法は「魔女術」に分類され、論理で構成される「近代魔術（魔術）」とは辿ってきた流れが違うのである。

「魔女術」は英語では「ウィッチクラフト」と言われる。（「魔術」は「マジック」あるいは「ウィザードリィ〔魔術師の力〕」であり、ホグワーツ魔術学校が、英文では“Hogwarts School of Witchcraft and Wizardry”となっているのは、ここに由来しているのだろう）。

「魔女術」は、「魔術」とは別の、独自のルーツと進歩を辿ってきた古い神々への信仰を力の源泉としたものである。

現代では、近代魔術と混ざったために、被っている部分も数多い。しかし本来は、力の源泉を自然への信仰に求めており、大地の神、また月の神など様々な神に祈りを捧げ、その力を借りて力とすることである。乱暴にいうと『ハリー・

ポッター』シリーズの魔法は「魔女術」よりで、『ロード・オブ・ザ・リング』の魔法は、「魔術」に近いといえる。

それはお互いに別々のものではあるが影響を与えあっており、両者の関係を例えると「疎遠というほどでもない親戚」レベルである。

どちらも同じことができるが、レシピとそれを支える方式が違うという事で、そのすり合わせができる人間なら両方を同時に使うことも可能だ。むしろ、それを扱う実践者の「自分は魔女なのか、魔術師なのか」と、そのスタンスをはっきりさせることが重視される。そこを決めないと、自分の行くべき道、信じるべき道を見失ってしまうのである。

魔術師とは異なる「魔女」という存在

「魔女」とは女だけでなく「男の魔女も存在し」同じく魔女と呼ばれる。

魔女の存在は聖書の中にも存在し、そこですでに疎まれている。「魔法を使う女を生かしておいてはならない」(『出エジプト記』二二章一八節)と責められているのが見受けられる。

なぜかと言えば、かなり前から魔女たちは、力を持つ者、知恵を持つ者として信じられており、ギリシアのテッサリアの魔女は、「月を天から落とすことができる」ほどの力の持ち主だったと伝えられていたし、かのピュタゴラスは、磨いた円盤を月に掲げて予言する方法を魔女から学んだそうである。

魔女は、世界のどこにでもある呪術の行使者、一種のシャーマンとして社会に必要なシステムとして認められ、一体化していた。病気を治し、失せ物を発見し、生殖力を高め、魔法薬や護符を作成する超自然的な力の行使者だったのである。

しかし、ある事件が、魔女を社会的に抹殺し、その姿は長い間闇の奥深くに沈むことになる。あとで詳しく述べるが、「魔女狩り」である。これが長い魔女の歴史を破壊したのである。

長い間、偏見と弾圧に晒された魔女が復権するのは、二〇世紀初頭だった。近代魔術が発展していく中で、魔女術が見直されることになったのだ。

というより、一般に考えられる「魔法」の姿というのは「近代魔術」より、「魔女術」の方に近い、といえるのではないだろうか。

「魔女」という存在を読み解くための魔女狩り史

「魔女狩り」は、一三世紀頃、ほぼ同時期に、スイスとクロアチアの民衆の間で始まったとされる。

その内容は、神の力によるもの以外の怪しげな力を使ったとされたもの（主に密告による）に疑いをかけ、苛烈極まる拷問を駆使して自白を引き出し、「異端審問」と呼ばれる宗教裁判を行い「魔女」とされた者を火炙り、水責め、絞首刑といった方法で処刑するものだった。

一度疑いをかけられれば、ほぼ逃れることはできなかった。例えば「重りをつけて水の中に放り込み、浮いてきたら魔女、沈んだままなら無罪」などという理不尽極まる裁判も記録に残っているほどだったのだ。

そして一四世紀初頭、法王ヨハネス二二世が、魔女を裁く、異端審問官に対し「場所・時間を問わず魔女に対し裁判を開き判決を下す権利」「その財産を没収する権利」を与え、さらに民衆からの「密告」を奨励したことで、民衆たちが「魔女をあぶり出すことは正義」と思うようになり、「魔女狩り」は本格化していく。その実態はどういうものだったのだろうか、殺された人々は本当に邪悪な黒魔法使いだったのだろうか。

魔女狩りは、「誰が」広めたか

ガイダンスで触れたように、魔女狩りで処刑された人々は、その殆どが無実の弱者だった。社会的・宗教的ストレスを抱えた民衆の抑圧のはけ口として、まじない師などの特殊な知識・技術を持つ者や、ジプシーを代表とする放浪者、祖国を持たないユダヤ人などに〝ケガレ〟を押し付けた集団ヒステリーだったのである。

さらに、魔女を攻撃することにより権利を獲得し、利益を得られたため、当時の最高位の学者、宗教家らでさえ、魔女狩りを奨励したのである。

もちろん、良心的な人間もいた。有名な魔術師「アグリッパ」は当初から魔女狩りを批判していたし、多くの知識人がこれを止めようとした。教会ですらやり過ぎを止めようとしたが、一度動き出した歴史の流れは止まらなかったのである。

三〇〇年のヒステリーに終止符を打ったもの

波が収まり始めたのは、なんと最初の「魔女狩り」が行われてから、三〇〇年以上が過ぎた一七世紀の中盤になってからだ。この頃になると、宗教裁判でない、高等裁判所の発言力が増し、また文化人たちの意見も理性的なものが多くなったことで、次第に沈静化していった。人間の良心が強いものになったというのもさることながら、時代が降り、物質文明が発展することで、超自然的なものを恐れる気持ち、「魔女」「魔法」への恐怖が次第に薄れていったから、つまり、「魔法」の力が弱まったから、という見方ができる。

「魔女狩り」の恐ろしさは、それに似たことは、いつの時代でも、誰の身にも起きる可能性があるということだ。

「魔女狩り」は、今も続いている「人間の負の側面」が現れた姿そのものだ。

「守護霊」は、術者にとっての何なのか

霊的、超自然的存在が、その人を守護してくれるという話は、古今東西に登場する。現代エンターテイメントの中にも度々登場し、『ハリー・ポッター』シリーズでは重要なファクターのひとつとして語られ、『ジョジョの奇妙な冒険』シリーズに登場する「スタンド」も、この一種と言って差し支えないだろう。

動物型のものは、『魔法使いたちは、「特別な才能」や「血縁」を持つ人間だったのか』で触れたように、シャーマニズムを起源としている。

現代に残っているものの中では、ネイティブ・アメリカンの間に伝わっている「トーテム」という考え方が比較的有名だろう。ネイティブ・アメリカンの間では、それぞれの部族を守護する、鷹、兎、熊、ハチドリといった動物霊、また祖先の霊のことを指す。「トーテムポール」というのは、トーテムの姿が

彫刻された柱だからそう呼ばれるのだ。

キリスト教においては、「守護天使《ガーディアン・エンジェル》」という存在が信じられており、その天使は生まれたときから、その人に運命的によりそい、良き道に導いてくれるとされる。また祖先の中でも強力な力を持っていた存在が、守護霊となってくれることもある。

その、守護の形も様々で、福の神のように幸運を運んでくれるものもあれば、災厄から守ってくれるもの、あくまで主体は本体であり、その補助しかしないもの、節目節目でしか効果をみせないものなど様々ではあるが、ともあれ、ほとんど全ての「守護霊」は、対象となる人を無償に守ってくれるのである。

また、守護霊は人にだけ憑くものではなく、例えば城を守ったり、装飾品に宿ったりして、それを身に着けた人間を護る場合もある。（現代においても、必ず繁盛するテナントなどがある。そこには守護霊が憑いているのかもしれない）

近代に入り新たな解釈を加えられた

近代魔術においては、守護的存在は新しい解釈を加えられ、さらに大きな意味を持つようになった。

守護的存在は「聖守護天使」と呼ばれ、それはあらゆる人の魂の中に、かつて神様に与えられた聖なる力、人間の中の「神的要素」として眠っているものとされた。

そして、その聖守護天使と対話し、一体化することで、宇宙と合一するというのを究極の目標としていたからである。

どの時代、どの世界においても、ほとんどの守護霊は人を導くものであり、あるいは自分自身の縁のあるなにか（時に、もうひとりの自分）なのである。人はそういう守護霊の存在を常に意識し、自分を磨いていくのがあるべき姿とされる場合が大概だ。また、守護霊はあくまで、その人をサポートするだけの存在であり、本人が己を磨けば、守護霊もまた、その力を強める。もしくはより霊格の高い守護霊がやってくるとされている。

守護霊は、その人を映し出す鏡なのである。

「召喚魔法」という、普通の魔法とは一見異なる術

悪魔や天使、精霊など、超自然的な存在を呼び出し、その力を利用する「召喚魔法」は、魔法において特別な存在というわけではなく、魔法の中の一つのジャンルである。

この魔法は、実は基本的な術の一つであり、史上においても著名な魔術師はほとんどが何らかの形で実践又は研究している。

「召喚魔法」は、大きく三つに分類される。

1：悪魔や天使の幽体（アストラル体）や、魔法使いの思念によってイメージ化されたものを喚び出す——多くの場合における「召喚魔法」はこの形。リスクとリターンのバランスが良いのが特徴。

2：悪魔を見える姿で実体化させて喚び出し、これと対話し、その力を利用す

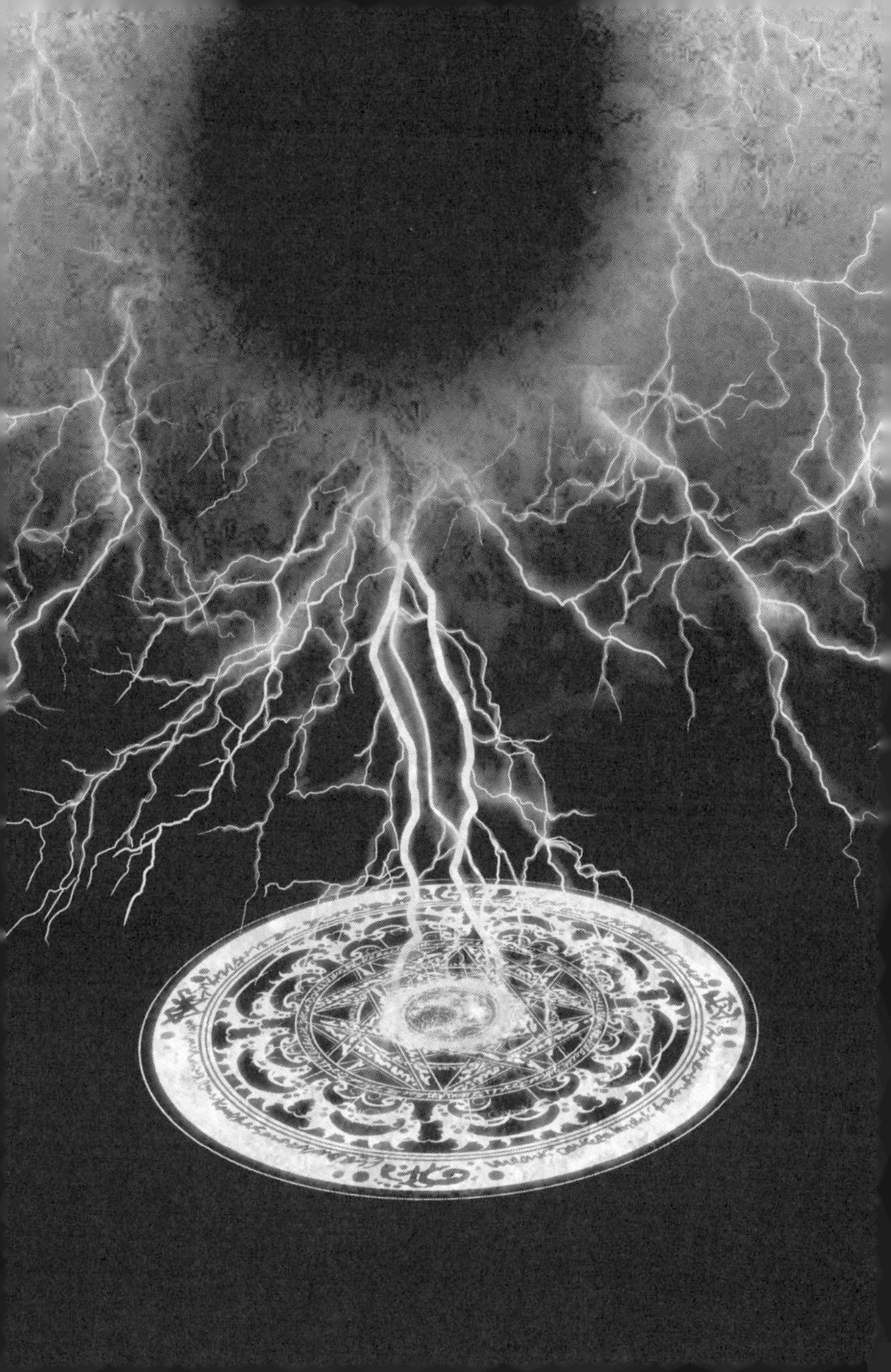

るもの——強大な力を行使でき、人ならざる知識を得ることができるが、それだけに難易度も危険性も高く、歴史上にも成功させた例は多くない。

3：魔法使い本人が依代《よりしろ》となり、そこに悪魔や天使を降ろして一体化する術——成功すれば、天界や魔界、妖精界の知恵と魔力を身につけられるが、取り憑いた超存在を追い払えず、そのまま狂気に支配されてしまうこともあり得る。黒魔法の一つとして語られる。しかし、神降ろしを一種の魔法と考えれば、最も神聖な魔法と見ることもできる。

悪魔召喚、天使召喚、精霊召喚は別物か

黒魔法と白魔法が表裏一体であるように、悪魔召喚も天使召喚もコインの裏表であり、術式は基本的に同じものである。精霊も同様だ。なのになぜこれが区別されているかというと、中世に魔術が研究された時代、異端審問官の目が光っていたため、悪魔に関する魔法（また、教会の視点、立場から見て理解し難いもの）は悪く、天使に関する魔法は良い、という分類しか許されなかった。その名残が今でも残っているのであろう。

一番恐ろしいとされる魔法は何か

魔法には、様々なものがある。日常を便利にしたり、移動を補助したり、人の身体や心を操ったり、地水火風の力を借りたり様々だ。

では、その中で最も恐れるべきものは何か？　それは、どんな人間にとっても一番大切なもの、「人間の生死」を操る力だろう。『ハリー・ポッター』シリーズでも、ヴォルデモートやデスイーター達といった強大な魔力を持った者たちが、危険極まりない力として「死の呪文」を操っている。

「死の魔法」の危うい誘惑

『ハリー・ポッター』シリーズの「アバダ・ケダブラ」、『ドラゴンクエスト』シリーズの、「ザキ系」、『ファイナルファンタジー』シリーズの「デス系」、『真・女神転生』シリーズの「ムド系」、『ウィザードリィ』シリーズの「マカニト」

など、エンターテイメントの世界には、相手を即死させる呪文が数多く存在するが、現代に残る魔法の中で、それほど効果があるものが語られることはほぼない（我々が知らない裏の世界で語り継がれている可能性はあるが）。一般的に耳にする死の魔法といえば、それは呪殺だろう。

今も受け継がれる「呪殺」の伝統

呪殺といえば「丑の刻参り」である。午前一時〜三時頃に、神社のご神木に、憎い相手に縁のあるものを仕込んだ手作りの藁人形に釘を打ち立てるものだ。これはルーツが『日本書紀』にも登場するほど昔からある。不思議なことに、地球の反対側のハイチに残る世界的に有名な死の呪術「ブゥードゥー人形の呪い」もこれに非常によく似ている。

しかし、これら「死」を操る魔法は、黒魔法使いの中でさえ忌避される、禁忌中の禁忌である。「白魔法と黒魔法の違い」でも紹介したように、黒魔術師も彼らなりの方法で真理を求めているのであり、自らの欲望、野心のために人の命を奪う、というのはやってはいけないことなのである。

魔法の基本は「あれとあれは似ている」という感覚

「あれとあれが似ている」という感覚は実はとても重要なことだ。なぜかというと「万物照応」という、近代魔法学において最も重要な理論につながるのからである。

これは「最大の世界＝マクロコスモス」と「最小の世界＝ミクロコスモス」は、お互いと影響しあい相似するという考え方である。ざっくりいうと「世界と人間は当然、全てはつながっており、影響を与えあっている」ということで、さらにそれは魔法の力によってコントロールが可能という理論だ。それが近代魔法学で考える「魔法の仕組み」なのである。

「万物照応」という魔術理論の基盤

「あれとあれは似ている」は、洋の東西を問わず、大事にされるフィーリングで、特に日本においては「言霊」という考え方が、万物照応と同じ考え方を持っている。たとえば音が同じ「言」と「事」という同じ音をもっているから、「言（言葉）」を操ることにより「事（事象）」を操れると考えられていた。「言ったことが本当になる」という考えは、これが元になっている。

この理論を理解するためによく語られるのが「集合的無意識」である。集合的無意識とは心理学者カール・グスタフ・ユングが提唱したものだ。この考え方では、人の意識は海の上に突き出た岩に例えられる。海が世界で、岩が無意識である。岩はある程度の深さまでは独立しているが、ある程度の深さでは一枚の岩床として繋がっている。

これと同じように、無意識はある程度までは独立しているが、深い層では一つに繋がっている。この層のことは「元型」と言われる。元型は、文化や育ちにより獲得したものではなく、生来のもので、あらゆる人々が共通して持っているものである。

ユングは「時代や文化を異にする人々の間にある神話や神々の姿に似ているものがある」という事実から、全ての人々の心の無意識には共通の層があると結論し、これを集合的無意識と名づけたのだ。我々の意識は孤独ではなく、大きな意識で繋がっている――「万物照応」という思想は、これとよく似ている。

魔法として、どう実践されたか

大魔術師アレイスター・クロウリーは万物照応をこう説明した。

「言葉にも記号にも感情の動きにも、あらゆる事柄には関連性がある。だから万物と調和し、その関連性を見出し、それを操ることができたなら、全てを好むがままに構成したり呼び出したりすることが可能だ」

では、具体的にどうするか？　といえば、それが知識であり、呪文であり、魔法陣であり、たくさんのシンボルである。「魔法を使う技術の数々」ということなのだ。そういったものが大きな意識層からエネルギーを引き出すのだ。

魔法を使うには「想像力」が必要である。それは、この「万物照応」の、「あれとあれは関係している」という繋がりを感じ取るために必須の力であるからなのだ。

「四大」——地・水・火・風という魔法の力の源

魔法の力の源は、世界を形作っているものだ。それは、ヨーロッパでは「四大」と呼ばれる「地・水・火・風」の四つの元素（エレメント）であるインドではこれに「空（アカーシャ）」が加わる。中国の五行論では「木火土金水」となる。

この元素は、現代科学における元素とは異なるものである。四大は、それぞれ精霊の姿を与えられている。地＝ノーム、水＝ウンディーネ、火＝サラマンダー、風＝シルフである。彼等を魔術的な力により統率することで事象を意のままにできると考えたのだ。

四大は、身近な場所にも関係している。たとえばトランプだ。

トランプのカードにある「スート」と呼ばれる、ダイヤ・ハート・クラブ・スペードのマークは、それぞれ「地・水・火・風」に対応している。

「四大」を操ると魔法が使えるワケ

紀元前五八〇年頃、「哲学の始祖」と称されるタレスという人物が「万物の根源は水の元素、アルケーである」と唱えた。これを受けて、ヘラクレイトスは、万物の根源は火である」と唱える、そして彼の考え方は一つの元素に留まるものではなかった。この理論には、風・火・地も登場する。火は土の死により、空気は火の死により、水は空気の死により、土は水の死により生まれると唱え「万物は流転する」と考えたのである。

さらにそれを、エンペドクレスという学者が発展させて「四つの元素から世界が構成されている」と唱えた。この考え方をさらに突き詰めたのがプラトンで、彼は四つの元素に、この世の事象全てを分類した。

この思想が、魔法体系の中に組み入れられ、四大がその力を流転させながら、世界を作っていると考えられるようになったのである。

魔女の薬学
――大きな窯で一体何を作っているのか

魔女は、人里離れた隠れ場所で、大きな釜で怪しげなものを作っているというイメージがある。

実際、ナス科の有毒植物であるヒヨス、毒人参、マンドラゴラ、蝙蝠の羽などを使い、様々な薬品を作っていたわけだが、具体的にはどのようなものを作っているのだろうか？

ざっくりまとめると、それは「薬」や「魔法の道具」である。

どうしてそういうものを作る必要があったのだろうか？

まず薬は、当時の田舎の村などに医者がいるはずも無く、病気になると魔女にたよるくらいしか手が無かったため作られたのだろう。

もちろん、魔女が自分のための薬品を作ることもあるだろう。まったくゼロの状態から魔法を使うのは、時間もかかるし魔力・体力を消耗してしまう。

しかし、あらかじめ魔力の篭ったアイテムを作っておけば、それを使えば魔法が使えてしまう、という訳だ（つまり、ゲームに出てくる魔法の道具、マジックアイテムである）。

また、一般の人々のためにもなる。魔法の道具は、専門知識がなくとも使えるために、一般人に求められることも多い。頼まれて作ったり、生活の糧に変えたりと、現実的な部分でも役に立っていたのである。

実際は「こんなもの」を作っていた

では、具体的にどんなものを作っていたか、いくつかあげていこう。

- 「魔女の軟膏」……魔女は、箒で空を飛ぶのでは無いという説もある。そうではなく、魔女の軟膏を自分に塗ることで空を飛ぶという説もあるのだ。
- 「愛の実」……媚薬。白ワインとコリアンダーが材料だと伝わっている。
- 「鳩の血」……便箋の全面にラベンダーをこすりつけ、この赤い色をしたインクで文字を書けば、どんな願いも叶うと言われた。

・**「金儲けの封筒」**……紙幣と同じ大きさの紙を一二枚用意し、一枚一枚にタイムの葉を散らして箱に入れ、三一個の結び目を作った緑色紐で結わえたもの。これを埋めておくと、箱の中の紙は全て本物の紙幣となるとされた。

・**「魔法のピロー」**……愛を叶えるアイテムのひとつ。赤いバラの花びら、スイカズラの花、ニオイアヤメの根の粉末、一房の自分の髪の毛などを調合したものを、袋に入れて枕の下に入れて眠る。

――など、無数にある。

皆、魔法使いの力を本当に信じていた証拠である。

魔法なのか、科学なのか？「錬金術」入門

紀元前五〇〇年代に活躍した哲学者ピュタゴラスは、物事の根源〝アルケー〟は「数字」であり、数学によって世界を解き明かそうとした。

中世には「錬金術」が生まれ、様々な「科学的な」成果を生んでいった。医者であり錬金術者であったパラケルススは、それまで知られていなかった亜鉛について初めて記述し医学に合成化学物質を導入した。

魔術の方法論を取り入れた錬金術は「エリクシール製造のための水は何千回も蒸留する必要がある」など、科学的でないことも行ってきたが、結果も残している。

かのニュートンでさえ、「大錬金術師たちが大ぼらをふいているのでなければ、単なる物質の変質以上のもっと大いなる進歩が数多くあるのである。だがこういった秘密を握っているのはこれらの巨匠たちだけなのだ」と述べており、

錬金術にかなり傾倒したと言われる。

〝魔法貴族〟と呼ばれたバロン・ラブレーはこう言っている。

「真の錬金術とは、意識と良心を有した科学である」。

錬金術側からも、これは科学だという認識はされていたのだ。

こうして魔術的なものは、現代に近くなればなるほど科学に変換されていく。人は洪水や寒さ、日照りなど様々な自然現象、そこからもたらされる災害などと戦い、その仕組みを解明してきた。

魔術が科学に変化していった事例の象徴的なものは、病気の治癒だ。過去、多くの病気は神や精霊の力で癒されるものだった。しかし、ルネッサンス以降人体に対しての研究が始まり、ウィルスの発見、手術の発達など多くのブレイクスルーを経て、病気や怪我の治癒はほぼ完全に魔法使いの手を離れていったのである。

科学は、ついには人の心の謎までに及び、精神さえ科学によって解き明かされつつある。現在が、魔法の力が弱まっているのは、こういう経緯があるからなのだ。

「不老不死」はなぜ、究極の目標なのか

物語に登場する悪の魔法使いや、野心の強い魔法使いが「不老不死」を求めている。伝承に残る魔法使いたちはどうなのか？

実際、不老不死を求めた者たちは実に多い。全く不老不死を夢見なかった者の方が少ないのではないだろうか。多くの魔法使いたちが実現しようとした「賢者の石」の研究は、まさに不死を求めたものである。

まず、単純に、死という運命から逃れられない人間の本能として、多くの人が永遠の生命を求めていると言って間違いないだろう。だから魔法使い本人も、そして権力者たちも、永遠を求めたのだ。

しかし、常識のワクの中で考えれば、不老不死にはなれない。しかし、超常の世界の中で生きる「魔法使い」の力なら、もしかしたら不老不死を可能にするかもしれないと考えたのである。

魔法の奥義は「神」と一つになること

欲望からだけではなく、魔法を極めるために「不老不死」を求めた者たちも数多い。魔法を極める者が求める一つのゴールとして、魔力を高め、知識を得ることで、神に出会い、それとひとつになるというものがある。

神と出会うことで不老不死となれると信じた人々も多いが、この場合、不老不死という結果よりも、その過程で知ることができる数々の真理を求めることで不滅へ到ることができるという意味合いが強い傾向があるようだ。

もちろん、これまで知られている範囲では、全世界、あらゆる時代で、不老不死となった人間はいない。

それでも、なぜ人はそれを求めるか。もちろん不老不死を本気で求める夢多き者も少なくはないだろうが、聡明な魔法使いにとっては、より高みを目指すための分かりやすい目標のようなものなのだろう。人は、目的があった方がより力を出せるものなのだ。

なぜか魔法と馴染み深く扱われる「占星術」の正体

「占星術」は科学であり魔法であり、またもっと広い意味を持つものである。星を見る、という行為は、占いの中でも最古のものと考えられている。言葉がない頃から、人は星の運行に神秘を感じ、その動きの中に人の運命を見出していた。

そして紀元前三〇〇〇年頃、カルデア人、あるいはバビロニア人の手によって初期の天文学がまとめられた。二世紀半ばには、人は生誕時の天体の位置関係が、その後の運命を支配するという考えが生まれた。現代に残る西洋式の占星術の基本思想がこれである。

この考え方の一部は科学であった。

星の運行を観察し、その運行を予測するのは、明らかに科学的思考の産物だ。だがそれによって行われた占いは、科学によらない、再現性を担保されないものでありながら、効果があるとされたものであるから「科学」でなく「魔法」の一種なのである。

この方向性で占星術は進化していき、「天ある如く地もあり」、つまり星の運行と人の運命は影響しあっていると考えられたのだ。

また月の動きが潮の満ち引きに影響されるとされ、人体を構成する体液は天の動きに影響されるものであり、それが運命を変えていく、という考え方も生まれた。

占星術は「魔法」的に進化していったのである。

今でも、生活の一部として息づいている

「占星術」の特徴は、その多様性にある。

世界中の魔法使いによって、研究が重ねられてきた、魔法学の一分野でありながら、現在の「今日の星占い」コーナーのように、テキストを読んだり、専門家の話を聞いたりするだけで恩恵が得られるものでもある。特に勉強が必要ないのである。

また、天体の動きという、大自然を見るものであるから、信仰から自由である。そのため、信仰の違いにより人を遠ざけるということがない(なので、「魔女狩りの時代」も消されずに済んでいる)。

「占星術」は魔法である。

それでありながら、誰にも愛される「おまじない」として、信じなくとも会話のスパイスにもなるという優れた文化となった。現在にも残り続けているのは、こういう近づきやすさも一つの理由かもしれない。

COLUMN

魔女の復権――現代に蘇る末裔〝ウィッカ〟たち

キリスト教は、ヨーロッパ古代宗教の巫女の末裔たちを、魔女(ウィッチ)と呼び、異端として弾圧した。しかし、彼らはそもそもキリスト教の信者ではない。その意味では、異端というのはおかしいのだ。異端とは、キリスト教内部における非主流派を意味する言葉だからだ。あえて言うなら、彼らは異教であって異端ではない。

そんなことを主張しても当時は無意味だったので、魔女たちは身を隠すしかなかった。

しかし、現在ではよほど邪悪な主張をしない限り、どんな宗教を信じても弾圧されることはない(少なくともヨーロッパの民主国家の建前では)。そこで二〇世紀になって、我こそは魔女の末裔なりと主張する人々が現れるようになった。それを大々的に書物にして発表したのが、ジェラルド・ガードナーであり、彼の著作『今日のウィッチクラフト』だ。また、その先駆けとなる研究書が、チャールズ・ゴッドフリー・リーランドの『アラディア、あるいは魔女の福音』だ。

魔女の末裔たちは、弾圧され悪いイメージの付いたウィッチという言葉を避け、自らをウィッカと呼ぶ。異教復興主義（ネオペイガニズム）の一つとされる。

彼らは、古代ヨーロッパの女神アラディアを崇拝している。かつては、身を守るために、マリア信仰（キリストの母マリアを信仰する）に偽装して存在していたとされる。マリア信仰における マリアの事績のいくつかは、古代の女神の物語をマリアを主人公に書き直して残したものだという。

ウィッカは、現代ではフェミニズム運動とも結びついた、社会運動の一つともなっている。そのシンボルは、ペンタグラムである。

▼ウィッカのシンボル「ペンタグラム」

3時間目

魔法の世界の「道具」と「シンボル」

魔法の世界の賢者たちは、未知なる可能性を引き出すために、様々な発明を積み重ねてきた。その結果、生まれてきたのが、杖や魔術書といった道具と、五芒星やルーン文字などのシンボルである。物語を彩るこれらのアイテムは、一体どういうもので、どういう役割を果たすのか。その秘密に迫る。

魔法使いは、なぜ「杖」を必ず使うのか

魔法使いが使う道具といえば杖。「魔法」と「杖」の繋がりは非常に深い。杖は、年老いた人間が使用することから、賢人の持ち物とされ、そして知識と知恵の象徴となっていった経緯から、魔法使いが持つようになったと言われている。

魔法使いが使う杖は「ワンド」と呼ばれる場合が多い。(『ハリー・ポッター』シリーズの、「ニワトコの杖」も英語名では「Elder Wand」である)。魔法使いの杖は他に「スタッフ」と呼ばれることもあるが、この呼び名は、棍棒のような打撃武器としての意味も含む。

また、「ロッド」「ケイン」とも訳されるが、ロッドは杖の中でも、伸縮する「竿」的なイメージであり、「ケイン」は日常使う道具としての「杖」という意味合いが強い。

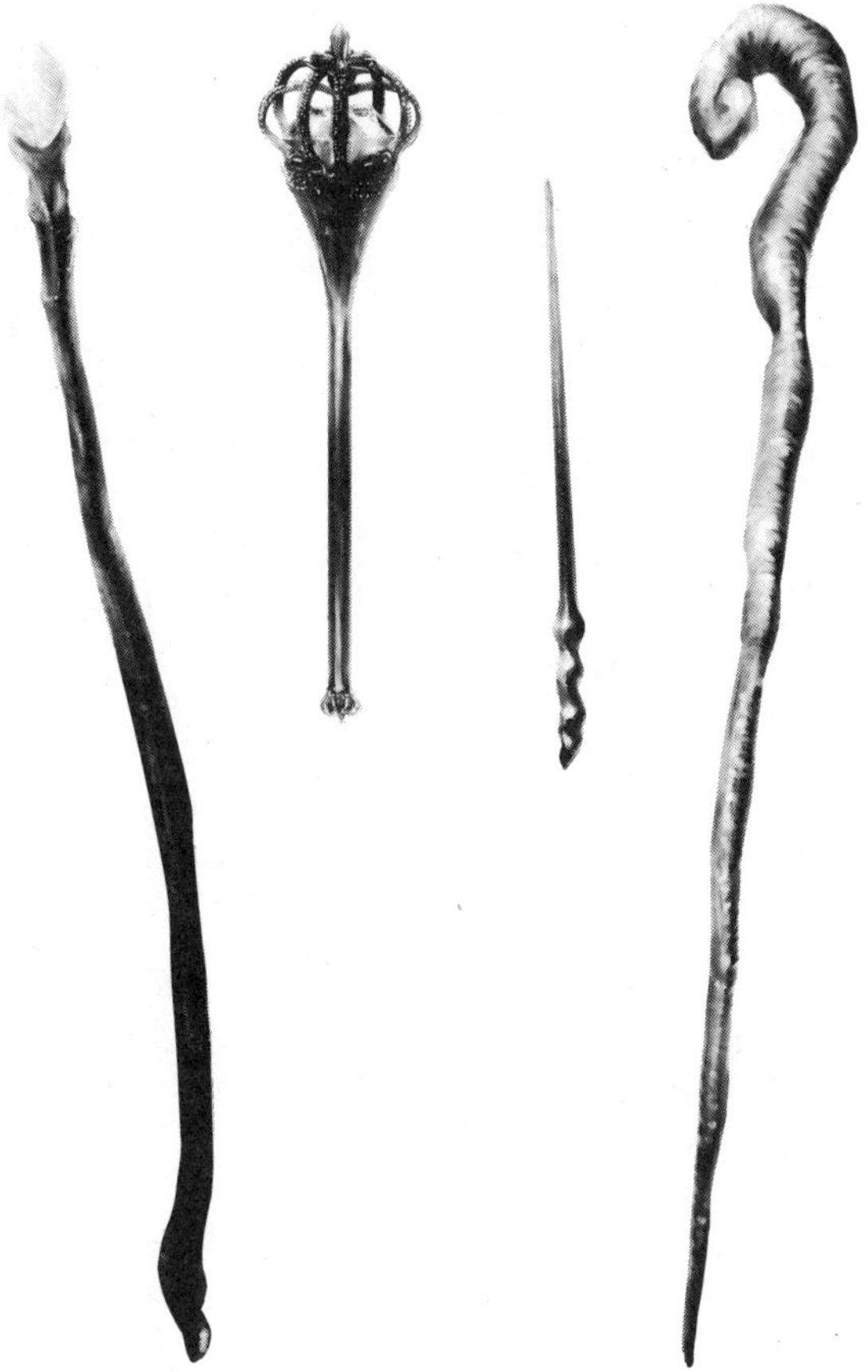

洋の東西を問わず、古来から「杖」は隣りにあった

かつて魔法が栄えた、古代エジプトの神々の多くが杖を持っていたし、魔女術のルーツのひとつとされる、古代西ヨーロッパにいたドルイドという魔法使いたちも、聖木である樫でできた杖を使っていた。

旧約聖書では、やはり魔法使いと考えられるモーゼが杖を蛇に変えて追いすがる敵を撃退したり、神の杖を振るい自軍を勝利に導いたりといった伝説が残っている。

不思議なことに、東洋の魔法使いたちも杖を使う。中国の仙人の多くが杖を持ち、それによって嵐を呼んだり、杖を龍に変えて使役したりしたという。日本では、修験者が先端に輪の付いた金属製の杖、錫杖《しゃくじょう》を持っている姿を見たことがある読者は多いだろう。錫杖は、明王や菩薩も持っているもので、それを持つものを神仏の力で加護するとされた。

洋の東西を問わず、杖は魔法使いたちの味方なのである。

史実に残る「最強の杖」とは

『ハリー・ポッター』シリーズでは、死の秘宝の一つ、「ニワトコの杖」が強力なものとして語られるが、実際はどうだったのだろうか？

歴史上最高のもののひとつといえばギリシア神話の神、魔術の神様のひとりでもある「ヘルメス」の杖「ケリュケイオン（カドゥケウスとも）」だろう。一本の杖に二匹の蛇が絡みついた形をした、死者さえ生き返らせる力を持つという、まさに神の力を持った杖だ。

同じギリシア神話の神、アスクレピオスが持つヤクシヘビの巻きついた形をした杖も、若返りと死者蘇生の力を持っており、この杖は図案化されて、世界各国の救急車や、医療機関などで現在も使われている。

「杖は自分で作るべき」と推奨されたワケ

それでは、実際に魔法使いがどういう杖を使ってきたか、といえば、象牙でできたもの、黒檀で作られたものなど高価で希少な材料で作られたものも多いが、近代の魔法使いたちはそういうものを使わなかったようである。

なぜかといえば、自分で自分の杖を作ることで、魔法への理解が深まるからだ。また、強力な杖を先輩や師匠にもらったりすると、それだけで自分が特別な存在になったような気になり「自我のインフレ」と呼ばれる現象を起こして自滅する恐れがあったからである。魔術結社「黄金の夜明け団」では、魔法使いの術を補助する有用な「魔術武器」として、一二色に色分けされた「ロータス・ワンド」という杖を自作することを奨励された。

また杖に限らず、自分で使うものは自分で作るというのがあるべき道として教えられたのである。その材料になるものも、日曜大工の店で買える長さ一m～六〇cmで直径五mmから二cm程度の木の棒で、サイズが合えばテーブルの脚でもよいといわれていたのだ。

華より実。魔法は、とても地道でまっとうなものだったのである。

「賢者の石」は、実際に研究された物質だった

「賢者の石」は、魔法の力が関係した物語には度々登場する。『鋼の錬金術師』ではテーマに直結するキーアイテムであったし、『ハリー・ポッター』シリーズではタイトルに使われるほどだ。『ドラゴンクエスト』シリーズでも、パーティー全体の体力を回復させる強力アイテムとして常連だ。

さて、その「賢者の石」とはどんなものだったのだろう?

それは全ての願いを実現する「万能の石」

賢者の石は「石」とは言われるが、実際には赤い粉末として生成される。だが、粉末では使い勝手が悪いので、それを固めて石のようにしているのだ。

「それを一欠片溶けた金属の中に入れると同量の黄金に変える」「生物を不老不死にする」「錬金術におけるあらゆる奇跡を実現させる」とされている。万

能薬「エリクサー」と同一のものとも言われ、また他に「ティンクトラ」という名前も持っている。このあまりに偉大な力を持つ物質を作り出すことは、全魔法使い、錬金術師の夢だった。

賢者の石の「作り方」

さて、もちろん、賢者の石を作り出した者はいない（ニコラ・フラメルが完成させたともいわれるが、もちろん本物は残っていない）。

しかし、賢者の石を作るという作業は、たとえ実現することができなくとも「その行為に取り組むことに意味がある」とされ、その一連の行為は「マグヌス・オプス（大いなる作業）」と呼ばれた。魔法使いたちはこの作業に挑むことで、腕と魔力を磨いていったのだ。

賢者の石の材料で、メジャーなものはまず「水銀」（これもただの水銀でなく、そこから物質としての純粋な要素を取り出したもので「哲学者の水銀」「真実の水銀」といわれるものである）。これに、熱、また燃焼による変化を促すための「硫黄」を混ぜ合わせる。これも重要かつ至難極まる工程で「王と王妃の

結婚」と呼ばれている。さらに、塩、ライオンの毛、人間の血液、マンドラゴラの根などといったものも媒体となる。ただ混ぜるだけでなく、熱することを中心に、様々な処理を加える。燃やし、灰にし、溶かし、蒸留し、結晶化する。それも一度でなく、途方もない回数を繰り返すのだ。

それが成功したなら「哲学者の卵」と呼ばれる、水晶製の球型をしたフラスコに密封し、さらに特殊な炉で再加熱される。

すると、フラスコ内の物質は、黒くなり、一度死んだ状態へ移行する。

その後、時間を置くと、その物質は死から蘇り、白いものになる。この時点でも、金属を銀にする効果があるとされる。さらにその後、赤くなった時に、初めて賢者の石は完成すると言われている。

賢者の石の探求に込められた隠れた狙い

この「二つのものが、様々な刺激を受け、それに耐えて一つとなり、一度死に、蘇り完全なものになる」というものは、生命の流れそのものだ。それを再現し、生命を超えたものとなったものが「賢者の石」ということなのだ。

世界は理不尽で、完璧なものは何もない。

しかし、昔から、魔法的な力を望んだ者は、大きな力を持って、完璧な何かを探そうとしたのである。

賢者の石というのは、この世にはない、完全な何かの象徴なのである。

それが、色々なことを実現させるというのは、賢者の石を欲した人間が求めていることがそれぞれ違ったからでないだろうか。

人は、賢者の石を通して、己を磨き、ここにはないものを探し、そこになにかを見続けていたのである。

現在でも、人が賢者の石の魅力に惹きつけられるのは、長い歴史の中に受け継がれてきた人の夢がそこに篭っているからではないだろうか。

「生命の樹」は、魔術書であり、預言書であり、地図である

「生命の樹」は「セフィロト」とも呼ばれる。カバラというユダヤ起源の魔法を学ぶための道しるべであり、預言書であり、魔術書であり、大宇宙の力を引き寄せる扉であり、異世界の旅立ちのための地図であり哲学書なのである。

一〇の「球体《セフィラ》（セフィロトの単数形）」が二二の「小径《パス》」でつながり、その図で宇宙を表現している、いわば西洋版の「曼荼羅」だ。

セフィロトは、宇宙の全てを構成する一〇の要素で描かれ、それぞれ神・惑星・守護天使と対応し、神に近い完全な存在である「原初の人間（アダム・カドモン）」の人体各部にも対応しており、人が完全に近づくための地図になっている。

二二のパスは、力を引き出す経路であって、魔法が力を発揮する時の回路図ともなる。タロット・カードの「愚者」から「世界」までの、二二の大アルカ

ナがこの小径に対応している。

タロット・カードは「魔法使いが世界へと至る旅の暗示を内包しているが、「生命の樹」の中でも同じ、つまり神へと至る旅が表現されているのだ。最下段の球体「マルクト」から最上段の「ケテル」に到達することが、魔法使いたちの悲願の究極の目標だ、というのが描かれているのである。

ここには人類の過去から現在にいたるまでのすべての歴史と、未来が描かれており「神の手による未来計画」の設計図ともなっている。

▼10の球体と22の小径からなる「生命の樹」の図

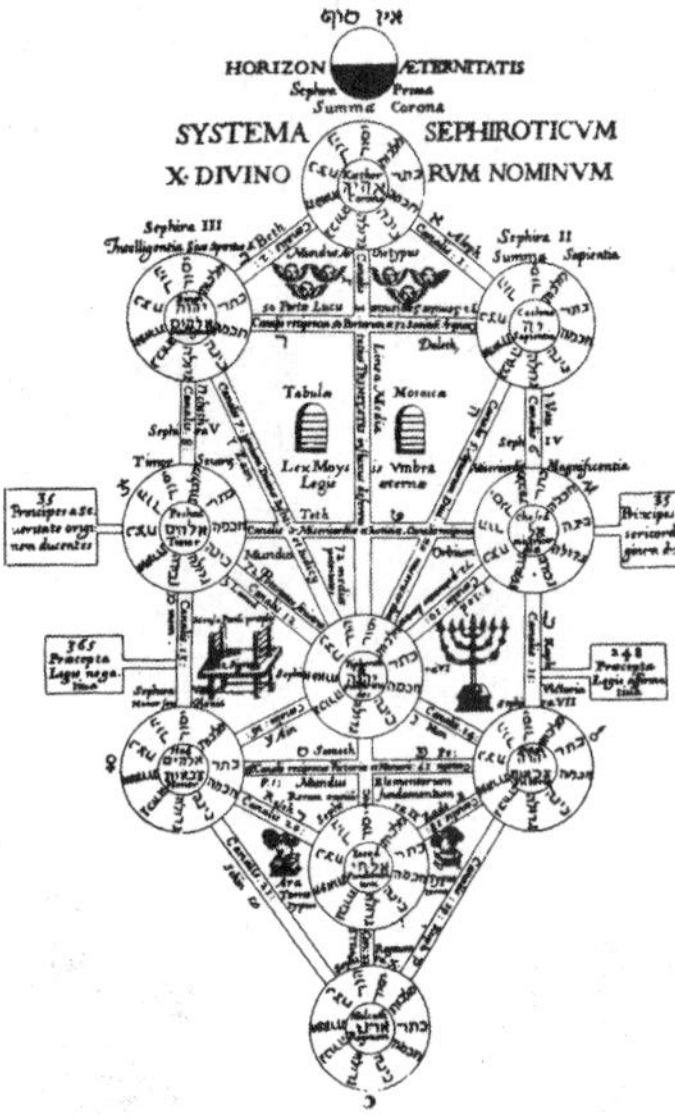

魔法使いが持つ「魔術書」には一体何が書かれているのか

魔法使いが、術を使う時に持っている本は「魔術書」と呼ばれるものだ。それは「グリモワール」「黒の書」などともいわれる。

「魔術書」は、一冊だけでない。それは星の数ほど書かれており、古くは古代に書かれたものもあるとされる。

魔術書を求める人々は時代を問わず多く、一三世紀頃には魔法使いたちだけでなく、知識を求めたあるいは好奇心の強い人々がこぞってこれを求めた。しかし、当時は筆写の時代であったため大量生産ができず、多くの本が出回ることはなかった。だが、一七世紀、近世に活版印刷が発明されると、出版される魔術書の数は爆発的に増えた。現在は紙媒体でも電子書籍でも、新旧問わず、数々の魔術書が流通している。

その内容は、魔法の呪文や祈祷の言葉、儀式の行い方、それらを行う時の場所、着るべき衣服、必要な道具、ふさわしい天体の位置などありとあらゆる指示や説明である。

小説や漫画、ゲームに登場する魔術書には、それ自体が力を持っているものもあるが、現実における魔術書は、そのものに力があるわけではなく（稀に、そういうものも存在するが）書いてある内容こそが大事なのである。

これらは、超自然の世界に存在しているようなものではなく、現在でも比較的読むことは容易である。

有名な魔術書としては、古代イスラエル王国で最も偉大な王、ソロモンが残した『ソロモンの鍵』、アレイスター・クロウリーら近代の魔術師に大きな影響を与えた『術士アブラメリンの聖なる魔術書』、『アルマデル奥義書』『エメラルド・タブレット』『モーゼの第六および第七の書』などが存在する。

「アブラカダブラ」という古の呪文に隠された秘密

もはや生活に溶け込んでいるといえる呪文がいくつかある。中でも『ハリー・ポッター』シリーズの死の呪文の元ともなっていると思しき「アブラカダブラ」は、歴史ある、しかもこの短さで完成している魔法の呪文なのである。

「アブラカダブラ」は中世にその効果を信じられ、広く使われた。その使い方は、まず「ABRACADABRA」と書き、その下に一文字減らして「ABRACADABR」、その下にまた一文字減らして……と続けていき、これを最後「A」一文字になるまで続ける。すると、文字で作られた魔術的逆三角形が完成する。

これが描かれたものを持っていれば、病気と不幸を遠ざけ、また魔を寄せ付けないといわれている。

現在でも、子供相手に使われるこの呪文の起源はとても古い。

▼「アブラカダブラ」の文字で作られた魔術的三角形

A B R A K A D A B R A
A B R A K A D A B R
A B R A K A D A B
A B R A K A D A
A B R A K A D
A B R A K A
A B R A K
A B R A
A B R
A B
A

また、そのルーツは諸説入り乱れている。紀元前に信じられていた「アブラザ」という神の名に由来するものだという説もあれば、ヘブライ語で「アブレク・アド・ハブラ＝あなたの稲妻を大地に投げよ」という言葉から来ているともいわれる。

信憑性が高いものには、古代アラム語で「アドハダ・ケドハブラ＝この語句のように消え行け」という言葉が変化したものだというものがある。もっとも、全く意味がない、呪術時代の祈り言葉がそのまま残った、というものもあるが……。

「666」は、なぜ〝獣の数字〟と畏れられるのか

「666」は〝獣の数字〟と呼ばれ、『新約聖書・ヨハネの黙示録』第一二章と一三章に見られる。黙示録には、ハルマゲドンに代表される数々の予言が成されており、ここに「獣」が登場する。それには七つの頭と一〇本の角、その角には一〇の冠を持ち、体の全体は豹に似ていて、熊に似た足と獅子に似た口を持つとされている。頭には神を穢す名前が書かれていた。この獣は「巨大な竜（サタン）」に力と位と大きな権威を与えられたという。

この「黙示録の獣」は悪魔＝アンチ・キリストの具現化とされ、それが誰であるかは長年研究の対象となってきた。その対象は、ナポレオン、ルター、カエサル、ヒトラー、カリギュラ、ネロと、さまざまな人物が候補に挙がってきているが、この中で、666の数字に関して最も有名な人間は、アレイスター・クロウリーだろう。獣と自分を同一視し、自分の名前を書くときにしばしば

「The Beast 666」と記していた。

映画『オーメン』に登場する悪魔の子「ダミアン」とクロウリーが、６６６を世界的に有名にしたというのは、衆目の意見が一致するところだろう。

さて、その６６６の数字であるが、最近大きな発見がなされた。

エジプトのオクシリンクスの遺跡から発見された、三世紀頃に書かれたとされる、現存する最古の『ヨハネの黙示録』の紙片を解析・研究した結果、そこには獣の数字は〝６１６〟と書かれていたと報道されたのだ。

６１６、だと少しインパクトが弱まってしまうような気になるのは筆者だけだろうか……。

▼木版画に描かれた黙示録の獣（右下）

史実に残る〝透明マント〟。なんと日本にも存在した

「空を飛ぶ」や「時間を止める」に比べると地味ではあるが、「透明になれる道具」というのは、度々目にするものだろう。『ハリー・ポッター』に登場する透明マントを代表に、『ドラえもん』には「透明マント」「透明ペンキ」、透明になるのとは違うが「見えなくなる目薬」「石ころ帽子」など、たくさんの透明化のアイテムが出現する。『ドラゴンクエスト』シリーズでは「きえさりそう」というアイテムと、同じ効果を持つ「レムオル」という呪文が有名で、同じく国民的RPG『ファイナルファンタジー』シリーズでは、「インビジ」という透明化呪文が歴代にわたって登場する。『ワンピース』では、主要キャラの一人、サンジが透明化能力を得られる「スケスケの実」を食べることを悲願にしていた。

さて、これは、現在の物語の世界の話だが、それでは魔法の伝説の中に、こういう透明化の道具はあったかというと、これがたくさんあるのだ。

最も有名なのが北欧神話の妖精伝承で度々登場する「妖精のマント」だろう。妖精の国で作られるマントを被ると、姿を消すことができるのだ。面白いことに、日本では日本版の風の精霊とも言える天狗が「天狗の隠れ蓑」という、全く同じ効果のある魔法の道具を持っている。

姿を消すアイテムとして、世界的に有名なものは、ギリシア神話の英雄ペルセウスが、メデューサ退治の時に使った「ハデスの兜（闇の帽子とも）」も知られている。

また、魔女がサバトに行く際に、人目から逃れるために使うものとして、「魔女の軟膏」を身体に塗ると、人知れず姿を消せるとされた（前述の「石ころ帽子」に近いもののようである）。

アイテムではないが、召喚魔法で「ソロモン王七二の魔神」の第一位、魔王バアルを召喚すると、透明化の魔法を授かることができると言われている。

透明化の方法も伝説も多数ある。これはおそらく、透明になるというのは（なんのために使うかは人それぞれ色々あるだろうが）「みんなが夢見ること」だからなのだろう。

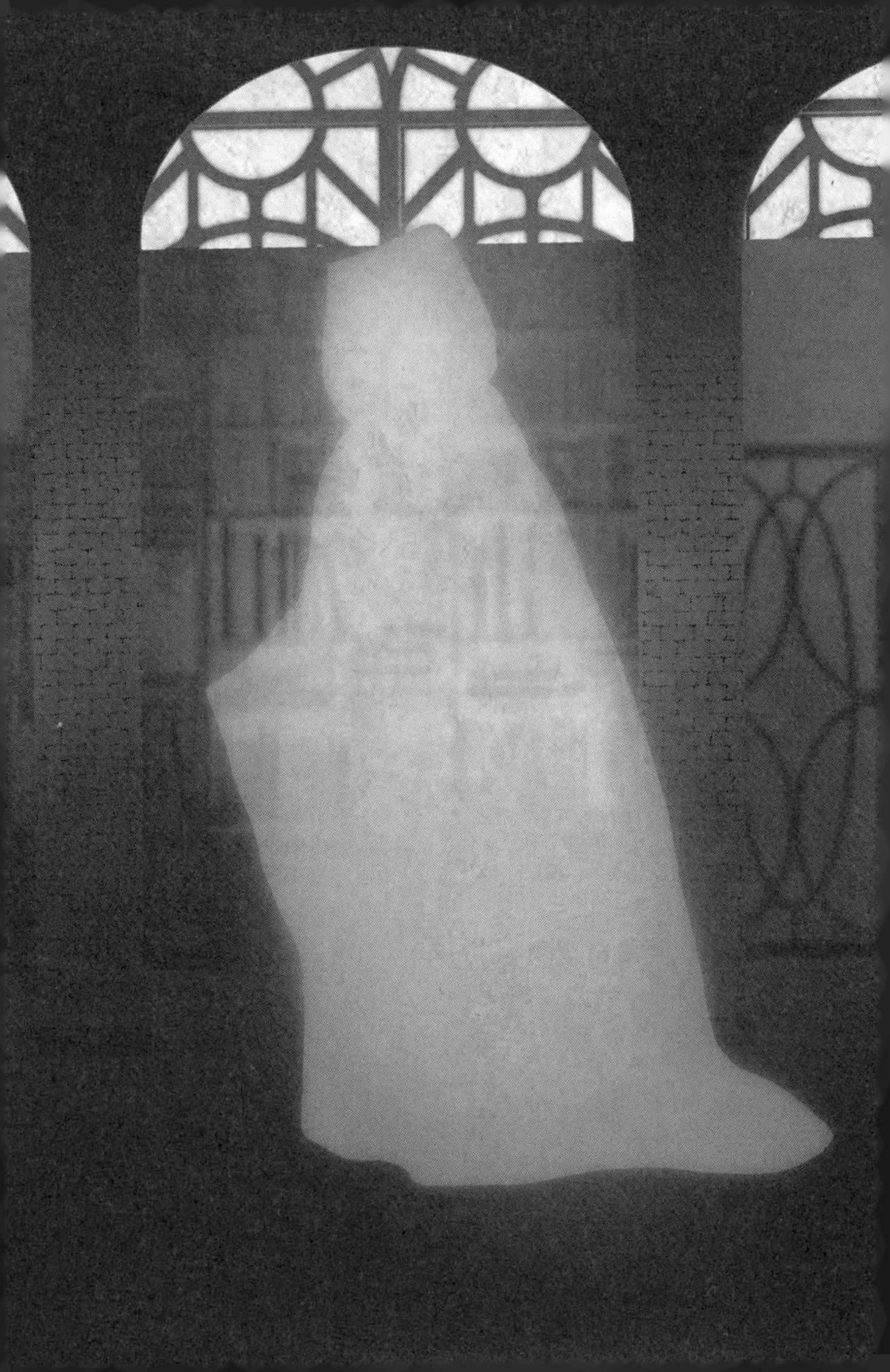

魔術の方程式「魔法陣」、その〝本当の〟役割とは

魔術に用いられる、床や地面に直接、あるいは毛皮の敷物に円を基調に神秘学や神学に基づく文字や記号・図形を配置するものは、日本では漫画の影響で「魔法陣」と呼ばれることが多いが、伝統的には「魔法円（マジック・サークル）」という方がより正しい。

「魔法陣（マジック・スクエア）」と呼ばれるものは、魔法円と似てはいるが、円ではなく方形を基調に描かれるものだ。近代魔術においては、魔法陣は『アブラメリン魔術』に使われるものが有名である。

魔法円の記号は、それぞれ何を表している？

その役割の主なものは、儀式を行う魔術師を、悪しき霊や悪魔から防護する、というものだ。現代魔術においても、魔法円は有益な魔術の道具である。

その用法は大まかにこうだ。

第一に、円の外部からの悪影響・干渉を防ぐ用法。

第二に、円の内部を力で満たし、それを利用する用法。

この二種類に分けられる。有名な魔術書『ソロモンの鍵』では魔術師が入る魔法円の他に、円の中に三角形とその中に円を配置した悪魔を呼び出す為の魔法円（円というものの、正確には中の三角形が重要）もある。

「円」は、太陽、生命の種である卵、巡り続ける車輪、神秘的な力をもつ眼など、文化的・時代的背景によってさまざまな解釈がされているが、共通して多いのは「完全」「世界」と言った、完成し、また完結しているものを示している。終わりの無い線が連なり、完全な均衡を描いている姿が強いシンボルとして機能しているのだろう。

もちろん、適当に書かれたものでなく、論理を組み合わせて作り上げられたものであり、魔法円には、魔術を使うための「方程式」が描かれているのである。

魔術のシンボル「五芒星」と「六芒星」——その違い、ルーツ、意味

「五芒星」は、ペンタグラム、ペンタクルとも呼ばれ、十字架に次ぐほどの宗教的シンボルであり、また魔術の象徴である。

「芒」とは元々稲の先端の部分のことで、転じて針の先端、そして光の先端のことも指す言葉になった。

五つの光芒が意味するものは様々で、上部の頂点が空（エーテル、あるいはアカーシャ）で、以下時計回りに各頂点が水、火、地、風の四大と対応する。正位置での五芒星は、神・調和・天界などを象徴する。

また「人間」という小宇宙も意味する（人間が大の字に手足を広げた姿は生きた五芒星である）。頂点は人間の頭や人間以外の霊を表している。

そして、反対にした「逆位置」での五芒星は魔王・混沌・地獄などを意味するしるしとなる。場合によってはこの図形を上下に反転して、霊を最下層へ追

いやることを意味することもある。

また、五大天使・キリストの身体に負わされた五つの傷など時代・人・状況によって、様々なものの意味を背負っている、受け入れる器の大きい図形なのだ。瞑想鍛錬、召喚儀式、退魔儀式、アイテム制作など、その使用法は枚挙に暇がない。

なぜ、世界中で全く同じシンボルが存在するのか

実は、まったく同じ記号が世界中のあちこちに存在している。

カバラ魔術で頻出するし、中国では木、火、土、金、水という、いわゆる「陰陽五行」の象徴となっている。

もちろん、日本神道でも使われている。日本を代表する魔法使いのひとり、陰陽師の安倍晴明が、清明桔梗紋として使っているのをご存知の方は多いのではないだろうか陰陽道では五芒星をセーマン、九字をドーマンといい、前者は安倍晴明、後者は芦屋道満に由来するともいわれている。奥羽列藩同盟の旗印も変形の五芒星であった。

五芒星については、各国にそれぞれの各学説があるが、その説明についてはどれもまちまちだ。ただ「重要な神秘的幾何図形」とされていることだけは共通している。ではその大元はどこか？　といえばそれははっきりしていない。ただ、歴史的に確認されているもっとも古い五芒星の用法は、紀元前三〇〇〇年頃のメソポタミアの書物の中に発見されている。

五芒星が神秘的とされるワケ

ペンタグラムが神秘的なのは、五という数字が神秘的だからだと言う説もある。五は素数であり、二と三という最初の二つの素数の和でもあり、一と四という最初の二つの二乗数の和でもある。キリストはイバラの冠で負った傷を別にすれば、槍によって体の五ヶ所に傷を負ったとされる。

そして彼は五〇〇〇人に五切れのパンを与えたとされる。もっと大事なことは、私たちは手足にそれぞれ五本の指を持ち、五感を備えているということだ。五という数字は、人間そのものである。だからこそこれほど長く、広い場所で使われているのだろう。

全く別の意味を持つ「六芒星」

正三角形を上下に二つ重ねた六芒星は「ヘキサグラム」とも呼ばれる。ヘキサとはギリシア語で「六」を意味する。七芒星の「ヘプタグラム」、八芒星の「オクタグラム」なども存在する。

三角の重なりは調和を表し、「霊体と肉体の結合」「物質世界の創造と破壊」「火と水の結合」「男性と女性の融和」などを意味する。△は男性（火）、▽は女性（水）、といったように、相対する二つのものの重なりは、秩序を象徴しており、究極的には、霊的・宇宙的原理を現す鍵の象徴ともいわれ、宇宙エネルギーを受け、貯蔵・発振する形と目されている

イスラエルを統一し、繁栄をもたらした王、ダビデがシンボルとしていたため「ダビデの星」「ダビデの盾」また「ダビデの六光芒」とも呼称される。

また、ダビデの息子、ソロモンがこの紋章の入った指輪を使い、七二柱の魔神を使役したことからソロモンの封印とも言われる。

だが、実はユダヤ人のマークとして一般に使われるようになったのは一七世

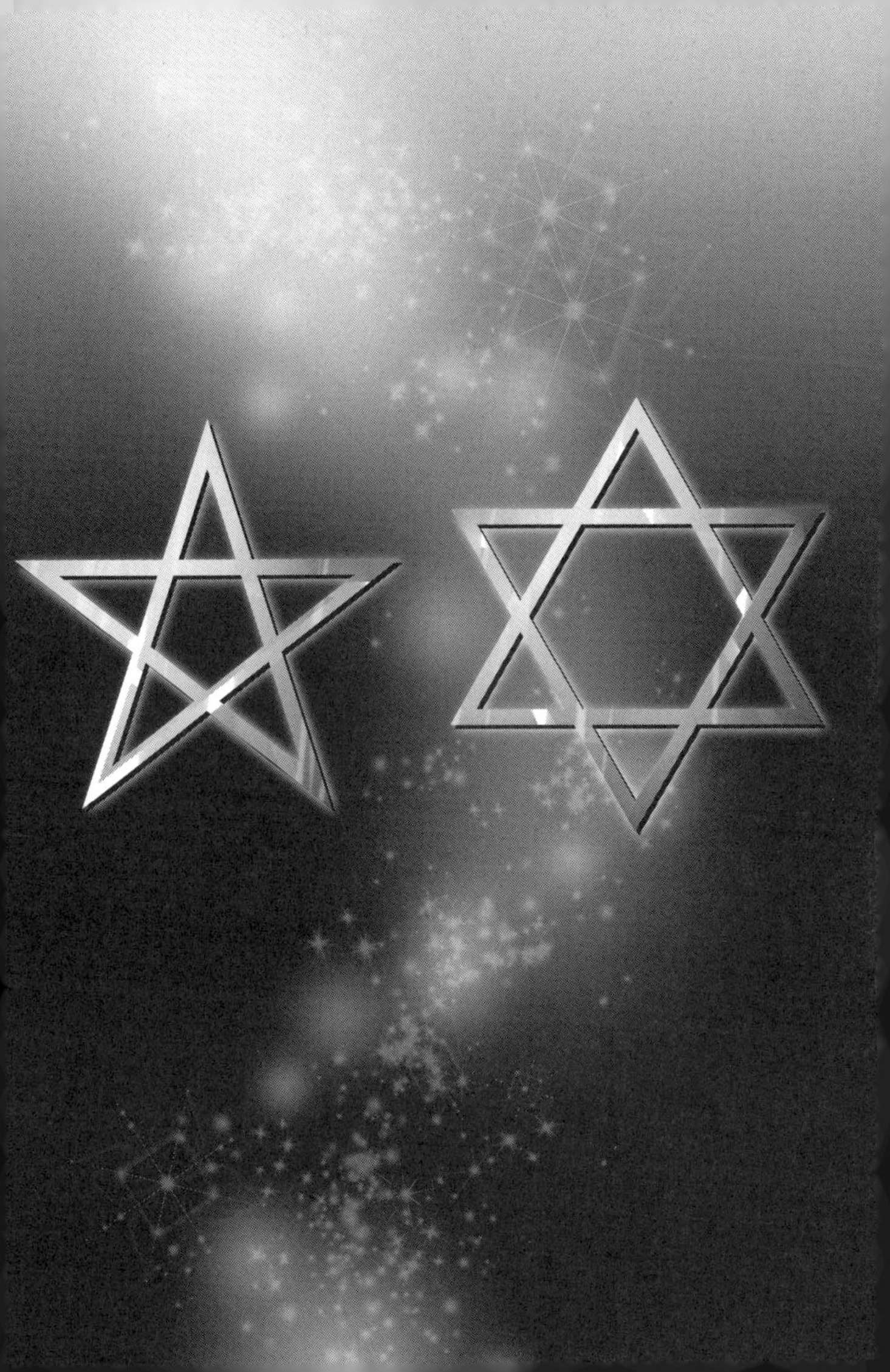

紀になってからと比較的最近のことである。

日本では、籠の編目の形に似ているので「籠目紋」「麻の葉紋」とまた陰陽道では「晴明紋」と呼ばれて使われている。

清和源氏系の小宮氏、曲渕氏などの家紋に使われていて、伊勢神宮にある灯籠にこの印が刻まれていることは有名だ。錬金術では、六芒星を賢者の石を象徴するシンボルとして扱っている。

六という数字は、美しいものに関連してあらわれることが多く、美の象徴でもある。

数理的に見ても六は最初の完全数（自分の約数を全部足すと自分になる。一＋二＋三＝六）なのである。だからこそ、調和したもの、完全なものを示すものとされるのだろう。

古代ヨーロッパの言語？「ルーン文字」とは結局何なのか

「ルーン文字」とは、古代ノルド語で「秘密」「囁く」という意味を持つ。北欧を中心に、現代まで使われている神秘の文字である。

垂直線と、斜め四五度の直線のみで作られており、一文字一文字に絶大な力が込められているとされる。その起源は北欧神話にある。北欧神話の主神であり、知恵と知識を司ってもいたオーディンは、より深遠な知識を求めて、槍を身体で貫いて、宇宙を支える巨大な世界樹「ユグドラジル」に打ち付け、九日九夜祈り続けた。すると、岩に刻まれた形で、この文字が発見されたという。

ルーン文字は「ハシバミ」か「トネリコ」か「イチイ」で作られた棒、また剣、杯、骨、石版などに適切な文字を刻むことで、ありとあらゆる願望が成就されるとされた。ただ唯一、鉄に刻んだ時には効果を発揮しないという。

最も広く使われたのは、占いにおいてであった。ルーン文字は、北欧神話に登場する時と運命を司る姉妹たち、アトロポス、ラキシス、クローソーの三女神と深く繋がりがある。人の宿命を垣間見せる力があるとされ、ルーンが刻まれた棒や石を高く放り投げ、地面で倒れたパターンから占い師が未来を解釈する（靴を飛ばす「あした天気になあれ」と同じリクツである）ということが行われていた。

現代史の舞台で、実は蘇っていた

中世の異端審問の時代に、ルーン文字も異端として一度は消え去っていくが、時を経て、二〇世紀初頭、ドイツで復活することになった。

あのナチス・ドイツのシンボル、鉤十字と、親衛隊の「重ね稲妻」と言われる「N」を二つ並べたような記号は、ルーン文字のS（太陽）をもとにしたものである。

この事実を見ると、大きな力を持つものは、正しく使えば人の未来を導くが、悪しきことに利用されれば、恐ろしい結果を呼び込むことにもなる、ということを歴史的に証明しているのではと改めて考えられないだろうか。

薬草、薬瓶、調合……魔法使いは医者の一種？

魔法使いは、薬草の知識に詳しくまた薬の調合ができるというのは事実ではある。では魔法使いイコール医者であると言えるか、というと「昔は医者だったが、現代では医者とは違う」という答えになる。

現在の医学につながる、近代医学が成立したのは、一九世紀になってからだ。それまでは、病気を直すのは、経験則に頼る部分が大きかった。そういう時、薬草やそこから作られる薬についての知識を持っていた魔法使いたちは医者的な存在だった。「ウィッチドクター」と呼ばれる、人間の他、動物、時には自然の病を直す病気治療専門のある種の魔法使いも存在している。彼らも、魔女の一種と言える。

が、彼らが病気を治すことができたとしても、これは科学ではなく、多分に信仰が混ざっているために、現在の科学ほど行為に対して効果の担保が得られるものではなかった。

現代、「医学」は明確に「科学」である。そして、現代医学では、治療に信仰が入る余地はない。というより、信仰という「不確かな」ものがあってはならないのだから、現在では、魔法使いは医者ではないのである。

歴史の中で、魔法使いは「病気を治す人」ではなくなっていた

まとめると、かつて、魔法使いは病気を治す役割を担っていたが、それは現代に近づくほど医者に取って代わられるようになったということだ。

専門ではないし、それに特化している訳ではないから、得意ではない。また、魔法使いといっても得意なことが分かれるため、魔法使いのできることの中に、医者の役割もできるということになる。

それでも、魔法と医学の関わりが完全に断たれたわけではない。杖の項でも触れたが、世界中の救急車に、魔法と深いかかわりのある神「ヘルメスの杖」の紋章が描かれている。過去、多くの人々を救ってきた魔法の力への尊敬は、現在でも受け継がれているということなのだろう。

COLUMN

錬金術書は「イラスト本」だった。一体、なぜ？

教科書とは、本来なら誰でも読み取れ、学習できるように書かれているべきだ。しかし、魔術の教科書もそうであるべきなのだろうか。

魔術という強い力を、いい加減な人間に渡したくはない。しかし、それを手に入れられるべき人間には教科書として役立たなければならない。この矛盾を解決するために、多くの魔術書は暗号で書かれることになった。

例えば、カバラの魔術書は、数秘術という数字を用いた暗号で書かれている。カバラを学ぶものなら数秘術くらい身につけているはずであり、それを使って読み取れるはずだというのが、魔術書の著者の意図だ。そして、錬金術が選んだ方法が「絵」だ。

錬金術的象徴を絵にすることで、錬金術的素養のある人には分かり、そうでない人には一生分からない。そのような本に仕上げたのだ。

例えば、左の図は一六〇六年に書かれたリバウィウスの『錬金術』にある図像だが、下方にある月の上の獅子は火と硫黄を、月の上の百合を持つ裸の女性は水と水銀を表す。中央の3頭の鷲は風を表す。これらを黒い月（腐敗）にまとめ、さらに半月と鴉（融解）し、岩へと降りる鳥（凝固）と岩から舞い上がる鳥（融解）をウロボロス（循環）させる。これによって翼を広げた白鳥（哲学者の水銀）が得られ、王と王妃（相反する原理の合一）を経て、不死鳥（賢者の石）へと至ることを表している。

▼錬金術の奥義を秘めた図

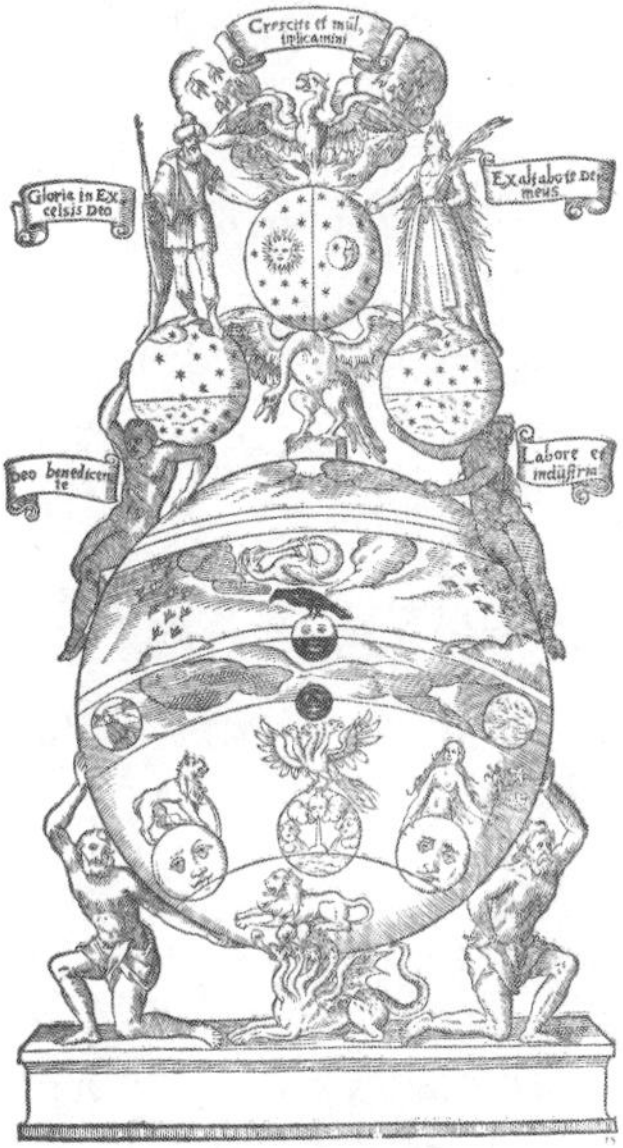

このように、錬金術書には、ほとんど文章がなく、図像の比喩によって錬金術の奥義を解説している。ある意味、イラスト本としか言いようがない。

4時間目

人間界の歴史に残る魔法の足跡

神魔を従え、生命さえ操ろうとした大魔術師もいれば、素朴な魔女もおり、ただ不思議な力に魅入られた運命の人もいた——彼らが歴史の表舞台へと現れることは稀だが、その足跡は確かに残っている。魔法の力に魅せられた者たちが辿った運命、そして連綿と語り継がれてきた歴史を紐解こう。

魔法使いは、いつ頃「歴史」に現れたのか

「魔法使い」の祖が現れたのは、なんと約二〇〇〇年以上前にまでさかのぼる。キリスト教に大きな影響を与えている、ゾロアスター教の祖、預言者の「ゾロアスター」が、神の代理として起こした奇跡の数々が、魔法の源流とされている。

魔法（magic）という言葉の語源も、古代ペルシアにおいて占星術や自然科学に長じ、祭祀を司る者を意味する「マギ（magi）」から来たものだった。

ちなみに、イエス・キリストの誕生日に、キリストを祝福しに現れた「東方の三賢者」もマギだったといわれている。ゾロアスターの魔術は、彼らによってエジプトへ、そこからギリシアに伝わり、有名な哲学者プラトンやピタゴラスによってさらに進化することになった。

古代エジプトで魔術は飛躍的に進歩した

エジプトで魔術は、革命的に発展する。それまで「神様にお願い奉る」という、呪術的なものだったものが、考え方を一歩勧めて「神々を操作できないか」と変化したのだ。「人間の意思で神の力を操る」という、今に残る魔法の形がここで生まれたのである。しかし、当然これは反発も生んだ。かの有名なツタンカーメンの一つ前の王、イクナトンが「神の力を人間が操ろうなどと、おこがましい！」と激怒して、魔法使いたちを追放した。この時、追放された魔術師の中に、誰でも知っている有名人がいた。

神の力で海を割った「十戒」の「モーゼ」その人である。モーゼはエジプトで、追放された神官から魔術知識を学んだ、ここから生まれたのが、ユダヤの秘儀にして魔術の奥義「カバラ」なのだ。モーゼはこの力で、海を割り、ナイル河を血に変え、大量の蛙を発生させるなどの魔術を駆使した。そしてモーゼの遺したカバラは、現在でも西洋魔術の密儀として伝えられている。モーゼは、近代魔術の遠祖のひとりなのである。カバラについては、次の項目で追っていく。

ユダヤの秘術「カバラ」の正体

「カバラ」は西洋魔術において、中核を担うシステムである。占いで名前を見ることもあるだろうし、世界的ミュージシャンのマドンナ、映画監督のガイ・リッチー、女優のデミ・ムーアなど、ハリウッド俳優の中に、カバラの信奉者は多く、彼らがカバラと縁の深いイスラエルを訪れる姿が度々報道されている。

「カバラ」はヘブライ語で「口伝」もしくは「伝授」の意味で、モーゼが「エジプトの神官から伝えられたから」あるいは、「最初の預言者」アブラハムが天使メルキゼデクから伝授されたから、という説もある。

しかし、これは伝説の世界で、現在に残る「カバラ」が成立したのは、随分後の時代になる。実際の歴史上の文献に「カバラ」が登場するのは一二世紀後半からである。歴史的には北フランス・プロヴァンス地方で発生した後、北スペインなどで、体系が整えられていったと見られている。

この頃に『バヒルの書』と言う魔術書が書かれた。ここには「生命の樹」を中心とした基本思想や世界観など重要な概念のほとんどが記され、この本によって、「カバラ」は急速に欧州各国に広まって行く事になる。「カバラ」は広まるにつれ無数のラビ（ユダヤ教の信仰指導者）によってより深く解釈がなされて行き、やがて一三世紀にカバラにおいてもっとも重要とされる『ゾハールの書』という魔術書によって結実する事になる。

『ゾハールの書』は『バヒルの書』で制定されたユダヤ教神秘主義の各要素を更に進化・強化した言わば「カバラにおける聖典」とでも言う書である。絶大な反響を呼び、一六世紀には「ユダヤ人が住むほとんどすべての国で、ユダヤ文化の普遍的な特徴の一つになった」と言われるほどになり、ほぼ現代の形へと収束する事になる。

カバラ魔術と「ゴーレム伝説」

そんなカバラ魔術の中で最も有名かつ伝説的なものが「人造人間ゴーレムの創造」だろう。粘土またはニカワで作った人型に祈祷を施し、額に「真理

（emeth）」と刻む事で、命ある者のように働かす事が出来ると言うものだ。読者の方も一度はその名を聞いた事があるだろう。

もし、ゴーレムが暴走した時には、額の「emeth」から「e」を消すと「死(meth)」となり、それによりゴーレムは活動を停止する（つまり『万物照応』の効果によるものである）というエピソードは有名だ。

「ゴーレム」の語源は「無形・未定のもの」を意味するが、これはカバラにおけるアダムの異名でもある。つまり「ゴーレムの創造」とはカバリストによる神の御業の再現にほかならず、それはつまりカバリストが不完全ながらも神の叡知を知る魔術師と見られていたと言う事でもある。

ファンタジー作品でなくとも、ゴーレム、あるいはゴーレム的な人造人間はあちこちに登場する。世界的に愛されているモンスターだろう。

なぜ、そうなるかといえば、それは人が求めてやまない、「生命の創造」の一部分だからではないだろうか。

西欧で弾圧され、魔法界に流入した「グノーシス主義」

グノーシス主義とは、紀元一世紀頃、地中海世界にて発生した主智主義的な思想である。二～三世紀にかけて多大な発展を遂げ、無数の派閥を生み隆盛したが、これを脅威と見る原始キリスト教・ローマ教会によって異端とされ、激しい迫害の末消滅した。

しかし、迫害し弾圧したキリスト教内に、その思想の一部が流入し、西欧神秘主義思想の中で生き続け、時には大きなムーブメントを生むことさえあった。

近年では、アニメ『新世紀エヴァンゲリオン』シリーズに、グノーシス主義的な言葉や思想が盛り込まれたことで注目を浴び、また『ダヴィンチ・コード』で一躍脚光を浴びたこともある。ライトノベル作品などにその名前がでることも度々だ。その思想はこういうものである。

「この世界は完全ではない」という結論

「この世界は、全知全能の神が作った完全なもののはずなのに、どうしてこうも理不尽や悲しみに満ちているのか」――グノーシス主義の思想は、この矛盾を考えることから始まり、次のような結論にたどり着く。「この世界は偽りの世界である」そして「この不完全かつ悪に満ちた世界は、唯一神ではなく、悪神デミウルゴスによって作られたものだ」。そして人間そのものを含む、物質的存在は悪なのだとされた。人間は、不完全な物質である肉体という牢獄に囚われており、本来の輝きを失い、悪に染まっている。だから正しき「知識（グノーシス）」や啓示者などの導きや自己の研鑽によって、本当の輝きを取り戻す事が出来るとしたのである。そして、それこそが本当の世界への道だとした。

人間に内在している神的要素を、知識と研鑽をもって覚醒させようとする思想は、近代魔術にそっくり取り入れられている。ここからもわかるように、グノーシス主義が魔法の世界に与えた影響はとても大きい。度々流行になったことから、わかりやすい関連資料も多い。

「魔法」と「科学」は正反対の存在なのか

「魔法」と「科学」は、まったく反対のものに見えて、実はそうではない。

SF小説の巨匠『二〇〇一年宇宙の旅』の著者、アーサー・C・クラークによるこんな言葉がある。「十分に発達した技術は魔術と区別できない(クラークの第三法則)」。どういう意味かといえば、今この現在においても、インターネットでのデータのやりとりなどほんの一〇年前には魔法としか思えなかったことが科学として現実になっている。科学が発達することで魔術のようなものになっていくというわけだ。

さて、掘り下げていってみよう。「科学」の定義とは「対象を証拠と論理的推論によって研究し、原理や法則を求める学問」と考えて間違いはないだろう。

では魔法はどうなのか、といえば、かつては魔法も科学だったのである。

例えば、魔術は、太古から疑似科学的なアプローチが繰り返されていたし、中世においては、歴史的な医学者パラケルススは錬金術師でもあったし、前述したように重力を発見したニュートンでさえ錬金術に傾倒し、魔法的なものを研究している様子が伺える。科学と魔法はとても近いものだったのだ。

現代に近づくほど、魔法は科学に「置き換え」られていく

古代、人は洪水や寒さ、日照りなど様々な自然現象・そこからもたらされる災害などと戦い、その仕組みを解明してきた。魔術が科学に変化していった事例の象徴的なものは、病気の治癒だ。過去、多くの病気は神や精霊の力で癒されるものだった。しかし、ルネッサンス以降人体に対しての研究が始まり、徐々に病気・怪我の治癒は魔法使いの手を離れていったことはすでに述べた通りだ。

現在、昔は魔術で説明されていたことが、ほとんど科学で説明できるようになっている。つまり、昔は「科学は魔術の一部門」だったが、現在は「魔術は広義の科学」となっているという見方ができる。

魔法に対する「現代的な」定義

ただ、科学と魔法は完全にイコールではない。ひとつだけ、とても「科学ではない」部分があるのだ。それは、科学の基本「同じことを行えば、必ず同じ結果が出る」という条件を満たしていないからである。

超自然的な力を研究しているのだから当たり前だが、伝説の魔法使いが唱えているものと同じ呪文を唱えても、みんなが同じ結果が出ることはないのだ。

もしかしたらこの先、呪文を唱えれば色々なことができる、魔法の世界が実現する可能性もゼロではないが、当面は有り得ない話だ。

現代社会における魔法の意義とは

「魔法がそんなアテにならないものなら科学があればいいじゃん」——と思われるかもしれない。

ところが、そういうものでもないのだ。

世の中、誰でも不思議な力を感じたことはあるだろう。それについて、科学ではどうしても説明しきれない場合がある。

そういう場合、科学で説明できることも、魔法の力ということで説明したほうが納得できることも多いのである。

「お参りにいったおかげで勝った」「お祓いに行ったら厄が落ちた」など、それはお参りやお祓いに行ったことで、精神的なストレスが緩和されたのかもしれないし、いままで神経質であらゆることを「厄」と考えていたことから、お払いをしてもらうことで心に余裕ができただけかもしれない。でもその場合でも、何か不思議な力に感謝した方が、人は幸せになれるものなのである。

魔法も科学も、人がより豊かになるためにあるもので、そして、なにより重要なことは、そういう幸せを目指す方法は、ひとつではないということなのだ。

科学とも魔法とも仲良くできる、それが現代、ということなのである。

古代史に残る「超能力」としての魔法

前の項で「魔法」と「科学」は親しいものと説明したが、そういうと「超能力って魔法の一種じゃないの?」という声が上がるかもしれない。その通り、「魔法」は「超能力」でもあるのだ。ややこしくなるが、おつきあい頂きたい。

言葉がまだ生まれていないほどの古代にも、超自然的な力をコントロールする魔法の力は存在し、それは「呪術」と呼ばれた訳だ。

ただこれは、論理どころか神への信仰にさえよらず、術者の直感的なものであることが多かった。つまり、個人の才能をバックにした、エスパーの力のようなものだ。

天使や悪魔、精霊など、引き出された力の理由・道筋が明確になっている「魔術」とは大きく違うものだった。これは一部の天才にのみ、できる技だったのである。

ラスコーの壁画にも描かれた呪術師の姿

現代でさえ誰もが本能的に、超自然的な力を畏れている。「いやそんなことはない、迷信は嫌いだ」という人も、「四」や「九」や「一三」といった数字に、不吉なものを感じたり、また昔「学校の怪談」を怖がったりはしなかっただろうか。現在でもそうなのだから、遠い昔は尚更だ。

人間は自然や死を畏れていた。最古の現世人類であるクロマニヨン人がすでに「ウィレンドルフのヴィーナス」と呼ばれる、大地の女神的な象徴を崇拝していたという。

また、前述したように、石器時代末期に描かれた「ラスコーの壁画」には、仮面をかぶった人物が描かれており、それは呪術師の姿だと言われている。フランスのトロワ=フレール洞窟、またシベリアのイルクーツクの洞窟にも、小樽の今宮洞窟の縄文時代の線刻画にも、鳥や獣に仮装した呪術師の姿は描かれていた。

かつては、こういう呪術師が魔法の担い手だったのである。

それから、人が言葉を持ち、文化を持ち、神話を生み出し論理性を発展させていっても、呪術が滅びることはなかった。

ネイティブアメリカンの「メディスンマン」やコンゴの「マヨンベーロ」などは病気の治癒、薬草の扱い、雨を降らせる儀式、悪魔祓い、時空間を超えたコミュニケーションを行う。人智の及ばない大きな力と折り合いをつけるために必要な、社会を形成する一つだったのである。

そして、彼らは論理ではなく、能力で不思議な力を引き出す、「超能力者」だったのだ。

おまじないは、呪術から生まれた「簡単な魔法」

こういう、超能力者たちの力は、当然一般人にも強い影響を与えた。なんとか自分たちも、こういう力を使いたいと考えて、様々な方法を編み出したのだ。

例えば前述した「丑の刻参り」だ。これは典型的な呪術ではあるが、そのシステムは漠然としたものでなく、時刻・装い・道具が決められており、深い恨みさえあれば超能力の有無は問わない。

つまり、一般人が超能力を引き出すための手段なのである。

「丑の刻参り」まで行かなくても、学生の間でつねに流行りつづける「コックリさん」や「エンジェル様」、その原型とも言えるヨーロッパで降霊術に使われるウィジャ盤など、小学生でも覚えられるほどの簡単なものながら、作法はきっちりと決められ、呪文さえ存在している。もっと身近なものなら〝チチンプイプイ……〟という「おまじない」がある。異国の響きを感じさせるものだが、その元は、徳川家光の乳母である春日の局が「智仁武勇（ち・じん・ぶ・ゆう）に優れたあなたは御代のお宝なのです」と励ました言葉が「ちちんぷいぷい」に進化し、それが子供を慰める、勇気づける呪文に変化したと言われている。

このように、今でも人々の生活の中に、超自然的な力を操ることへのあこがれと、その方法は、様々な形で存在している。そしてそれは、人類が存在する限り無くなることはない。

「魔法使いvs魔法使い」は現実にも起こっていた

古代シャーマンの時代ですでに、違う部族のシャーマン同士が、それぞれの信仰をぶつけ合っていたし、戦争に加担して戦いあうこともあったし、極めて個人的な理由で魔法の力をぶつけ合うこともあった。

中世の魔女たちが迫害を受け、自分たちに伝えられてきたものを守るために身を隠したのも、追う聖職者と逃げる魔女の魔法的闘争とみることができるだろう。

信仰を護るため、己を護るため、そして生命を護るため、魔法使いでない全ての人々がそうであるように、魔法使いたちも戦ってきたのである。

古今東西に残る数々の逸話

魔法使いといっても、人間であることには代わりはない。むしろ、信仰も教義もひとつではないどころか、術者同士は対立する場面の方が多かったようだ。同じ教義を信ずる同門でさえ袂《たもと》を分かつことは珍しくなかった。

魔法の力などというものを信じ、それを実践しようとする者は、たいそうクセが強く、それであるがゆえにぶつかりあうことは非常に多かった。それは古今東西問わずにそうである。

近代魔術の世界では「魔術戦」に勝つと名が挙がるといった風潮が強かった時期があるためか、有名な魔術師同士が戦った魔術戦の記録が実にたくさん残っている。中でも、大魔術師アレイスター・クロウリーと、その師マクレガー・メイザースの戦い、メイザースが「アブラメリン魔術」を使いクロウリーを追い詰め、クロウリーはそれに対抗し、魔王ベルゼブブを召喚し、それを打ち払ったなどという話は有名である。他にもモイナ・メイザース対ダイアン・フォーチュンの女性魔術師対決、ジェラルド・ガードナー対ケネス・グラント等数々の戦いが行われたという。

この現在でも、魔法使いたちは何かのために己をかけて戦っているのかもしれない。

実は、魔法使いたちは「人間界の戦争」にも参加していた

常識的に考えれば「そんなバカな」となるだろうが、単純な占いによって戦略・戦術を決めていたことも入れれば、「魔法が介入していない戦争などない」といってしまって決して過言ではないだろう。

日本でも、霊的な力が度々介入している。戦国時代の初期においては、「軍師」は、戦略アドバイザーとしての色は薄く、呪術師、祈祷師達が務め、合戦の日時や方角を占い、時には霊的攻撃を行ったという。一つ例をあげれば、武田信玄に使えていた「判ノ兵庫助」という男だ。これは日本最高の術者、安倍晴明の流れを汲む陰陽師で、彼の霊力は武田信玄の勝利に大きく貢献したとされた。

また、日本国が本当の国難に陥った時には、不動明王以上の神格をもつとされる、最強の明王「大元帥明王」の力を借りる宮中秘中の秘、「大元帥明王呪」が各地の術者によって行われるという。過去「平将門の乱」「元寇」で日本を救っ

たのは、この呪だとされる。第一次、第二次世界大戦時にも、この呪は行われたそうである。元々、天皇家は祭司の頂点という意味合いを持っているため、政治と魔法的なものが結びつきやすいのだろう。

世界に目を向けると、ナポレオンの妻、ジョセフィーヌは「勝利の女神」と称される魔法使いであり、彼女の力はナポレオンの破竹の驀進に大きく貢献したとされる。

近代魔術の世界では、大魔術師アレイスター・クロウリーは、『007』シリーズの原作者、イアン・フレミングの推薦で、英国諜報部に参加していたというし、ジョン・ディーという魔術師は、エリザベス女王に乞われ、海軍顧問を務めていた。英国が魔法の力を使うなら、ナチス・ドイツはより強い魔力を操ろうとした。「鉤十字」や「重ね稲妻」といった、ルーン文字の応用を使っているのは、そうした意図があるからかもしれない。

歴史に残る「奇跡を起こした人」は魔法使いなのか

歴史上稀に「奇跡」を起こす人間が現れる。一二歳の時、神の啓示を受け神がかったカリスマを発揮してフランスを救った「救国の英雄」「聖女」ジャンヌ・ダルクや、水を葡萄酒に、石をパンに変え、数々の病気を癒やし、死からさえ蘇ったイエス・キリスト。その母で「処女懐胎」をした聖母マリアなど、人間には難しい、あるいは不可能な事物を可能にした人間は、魔法使いといえるのだろうか。

といえば、答えは「NO」なのである。

というのも、こういった人々は、理論的に魔法を使ったわけではないからだ。彼らの起こした奇跡には、再現性がない。本人さえ、同じことをもう一度やるのは難しいようなのだ。

神に選ばれ、ある期間、神の力をその身に宿して、霊力を分け与えられ、言ってみれば、神的存在の霊である「神霊」の「分霊」的な立場になっていたのだろう。こういう状態は、長続きがしない。というのも、ジャンヌ・ダルクは火刑されているし、イエス・キリストは磔刑に（キリスト教では、イエスは神と同等なのだが）なっているのである。

「能力」ではなく「状態」である

「奇跡を起こせる」としても、それは人間の能力では無い。あくまでも主体は神にある。神がこの人間に奇跡を与えようと考えた時、その人間は「奇跡」を使うのだ。

その意味では、奇跡が起こせるのは決して能力でも技能でも無い。あくまでも、神が「奇跡の使える状態にしてくれている」だけなのだ。もちろん、神の好む精神状態・学識・修行によって、奇跡が得やすい状態になり、神の奇跡に備えることは可能だ。

そのような、ある意味当てにならない奇跡を、人間の力で実現する方法、それが「魔法」に他ならない。

魔法使いの最盛期と衰退期——いつ、どこへ消えてしまったのか

「魔法使い」というと、中世に活躍したイメージがあるかもしれない。

しかし、そういうわけではないのである。魔法使いたちは、歴史の節目に登場し、華々しく活動を行った後、歴史の必然のように消えていく。その歴史上の足取りを追いかけてみよう。

まず魔法は「呪術」として自然神への信仰と共にあった、生活の大事な一部分だった。

それがゾロアスター教の時代を経てギリシアが文化の中心となる時代になると、多神教を認めるギリシア人の民族性は、魔術の発展に大きく貢献した。数学、哲学と交わり、魔術体系を発展させ、魔法使い達も様々な姿で活躍したのである。おそらくこの頃が、最も多くの魔法使いが存在し、社会的にも求められていた時代だろう。

キリスト教の席巻――闇に隠れる魔法使いたち

しかし、ギリシアもローマも衰退し、衰退し始めたローマ帝国を乗っ取る形で、ヨーロッパはキリスト教が席巻することになる。

キリスト教も、一一世紀くらいまでは、異端に対して極端な迫害を行っていなかった。それどころか、アイルランドのキリスト教など、ドルイドと共存していた時代すらあった。

しかし、権力を得て堕落し始めた宗教が最も他者を迫害する。一二世紀のフランスで異端とされた「カタリ派」が一斉に処罰されたあたりから風向きが代わり、「神以外の奇跡の行使者は認めない」と定められた。そして近世になるとあの「魔女狩り」が始まってしまう。ここから、魔法使いは歴史の闇の中に隠れることになる。

魔法が、宗教の中に隠れた時代

一四世紀に入ると、華やかな文化運動「ルネッサンス」が始まった。それは、当時広まっていた文化の固定化、現実主義に囚われた考え方から離れ、過去にあった素晴らしい文化にもう一度着目しようという考え方があった。その時に、魔法使いたちは、再びその姿を表すことになった。

魔女狩りが生まれたのは、この時代の変革に対する反作用とも考えられる。時代が変わろうとする時、人々は大きなストレスを感じる。それに対する無意識の反発が、ストレスの持って行き先としての魔女を生み、魔女狩りに結実したのかもしれない。

そのため、この頃の魔法使い達は、それまでにあった現宗教学、哲学、魔法学を、キリスト教の中に統合していくことで、迫害を逃れようとしたのである。それは、教会権力の目をごまかすための、見方によっては姑息といえるやり方だったかもしれないが、結果的に、魔法は再び栄えるようになっていった。「アグリッパ」や「ジョン・ディー」といった魔法使いたちが、その立役者である。しかし、彼らの死後、それを受け継ぐものが現れず、また魔法は衰退していった。

さらに、一八世紀半ばになると、産業革命が起こり、ガス灯の光はそれまであった夜闇を照らし、多くの未知の力が解明された。科学が進んだことで、必然的に魔法の力も弱まっていった。

近代、突如として訪れた魔法の〝夜明け〟

しかし、科学の力が強まると、また揺り戻しがあるものだ。一九世紀後半には『黄金の夜明け団』という、歴史的な魔術結社が結成される。この頃『東方聖堂騎士団』『薔薇十字団』といった魔術結社も活性化していった。

だが、二〇世紀になると、こういった魔術結社は、『黄金の夜明け団』が内紛で分裂していったのと同時代に多くが瓦解していった。この時の隆盛も、五〇年も持たず、勢いを失っていく。

そして魔法は、物語の中で生き返る

そして最近、魔法は小説や漫画、映画やゲームの世界で蘇ってきた。

最初は、一九五四年に初版が発表された『指輪物語』だろう。後に『ロード・オブ・ザ・リング』として映画化された。『ハリー・ポッター』シリーズは、この作品がなければ生まれていなかったかもしれない。

こうして、魔法はエンターテイメントの世界で再び蘇ったのである。

そうすると、そこを入口にして、魔法を学ぼうという人々も現れる。

現在は、インターネットを駆使して情報を交換し、新しい時代の魔法を組み立てている人々が世界中にいる。

科学の時代でもあるが、魔法も決して力を失っている訳ではないのである。

現代社会にも潜り込む魔法使い

エンターテイメントの世界では、魔法使いたちは全盛期といってもいいだろう。しかし、それでは古代からの伝統を受け継ぐ、「現代の魔法使い」たちはどうしているのだろうか？

実は、インターネットの普及で、大きな変化を起こしているのである。

元々、魔法が好きな人というのは、好奇心旺盛で、新しいものが好きというタイプが多く、実はインターネットとも相性がいい。実際、今もネットワーク上にはちょっとした魔法の世界が広がっているのである。

まず、先人たちと接触しやすくなり、魔術書などのデータ化が進み、また翻訳アプリの発展で、海外の資料へのアクセスも、インターネット前と比べれば次元の違うレベルで容易にできるようになっている。

さすがに、LINEやTwitter程度の短い文章では、魔法の奥義を伝えることは難しいが、いくつものウェブサイトやアーカイブに、魔法の知識が潜んでいる。それを探し出して利用する、〝テクノマンサー（電子魔法使い）〟もそろそろ登場してしかるべきだろう。

フリーデータ化する秘術

また、インターネット時代より前は、マニアですら見ることの難しかったものが、フリーデータ化され、古典とされる魔術書の多くが、ネット上にアーカイブされている。検索サイトで、適当な固有単語やそれらしい言葉とファイルタイプを平行して検索すれば少なからぬ量のデータ化した魔術書に出会えるだろう（そもそも魔法の本場は、英語圏、またドイツ語やラテン語、ヘブライ語なので、語学力があるのにこしたことはない）。もちろん、日本古来の魔法書だって、探せば見つかるだろう。

魔法というのは〝かつてあった古臭いもの〟ではない。電子の時代になっても、魔法使いたちはそれに適応して、新しいかたちの発展を続けている。

COLUMN

「未来の魔法使い」は、どんな姿をしているか

今までに存在してきた魔法と魔法使いについて書いてきたが、未来の魔法と魔法使いはどうなるのだろうか。

歴史を振り返ってみると、科学は時代が進むにつれてその範囲を広げ、どんどん魔法の範囲を狭めてきた。というのも、科学には再現性がある、つまりその原理に従う限り、誰が行っても同じ結果が得られるという大きな利点があるからだ。別の言い方をすると、魔法では研究と修行の成果としてようやく可能になることが、科学では何一つ科学について知らなくても、ただ科学の産物を利用するだけで良い。

この差によって、魔法は科学に市場を奪われてきたのだ。

未来になると、科学に出来ることが更に増えて、さらに魔法の扱う意味がある範囲が狭くなってしまう可能性が高い。例えば、ホムンクルスの創造や、黄金の生成は現在では不可能だが、いずれ科学が可能にしてしまいそうだ。それ

こそ、アーサー・C・クラークの法則にいう「十分に発達した科学技術は、魔法と見分けがつかない」が成立してしまうだろう。

だからこそ、魔法は科学の扱わない、もしくは絶対に手の届かない分野を開拓するしかない。

一番の有望分野は、幸運と不運だ。例えば、宝くじの当選率は、確率論という数学によって決められている。何をしようとも、その確率は変化しない。以前に一等賞の出た売り場に行っても、何の役にも立たないのだ。

しかし、魔法なら幸運を招くことが可能かもしれない。実際、幸運のお守りは、多数存在している。厄除けのお守りも、神社などでたくさん売っているし、世界中に様々な種類の厄除けが存在している。

逆に、敵に不運が訪れるよう呪う魔法も、使われ続けるだろう。

他には、恋愛成就のような、人間の心に関する問題だ。確かに人間の心を変えうる薬剤などは存在するが、そういう品を使ってはならないという倫理も同時に存在している。このため、魔法が介入する余地がある。魔法に確実性がないことが、かえって使っても良い理由になっているのだ。

補講

伝説に残る魔法使いたち

アレイスター・クロウリー
（一八七五〜一九四七）

「黒魔術師」として名を馳せた二〇世紀最大の魔法使い

「黒魔術師」の代名詞といってもいいほど有名な魔術師。本名はエドワード・アレクサンダー・クロウリー。両親は裕福で熱心なキリスト教原理主義者で、幼いクロウリーにも当然のように教えに柔順である事を求めたが、そうはいかなかった。

ある時、少年クロウリーは「猫には九つの命がある」と言う迷信を実証しようと実験を試みた。それは「八通りの方法で一匹の猫を繰り返し殺してみる。九つ命があるなら生き返る」と言うものだったが、当然の結果、猫は生き返れず「猫には九つの命があると言うのは迷信だった」と断じ、教え込まれた「迷信」を打破していったという。

この手の奇行が多かった為、父親が亡くなると直ぐに母親が帰依していたキリスト教系の寄宿学校にほうり込まれるが、そこで宗教的迫害を受け体を壊してしまう。ここでの体験が彼を徹底したキリスト教嫌いにしたらしい。

その後、ケンブリッジ大学卒業後に「黄金の夜明け団」に入団する。そこでマクレガー・メイザースに師事し実力をつけ、師の全権大使のような立場になるも、最終的には嫌気がさして投げ出し、メイザースと距離を空けていった。

守護天使「エイワス」と出会い、覚醒

転機は、最初の妻ローズ・ケリーとの新婚旅行中に立ち寄ったエジプトで受けた守護天使「エイワス」の啓示と「全ての男女は星である」の一文より始まる『法の書』の内容の伝授であった。クロウリーは後にこれを筆記し、魔術書とした。その内容について最も有名なのは、「汝の意志するところをなせ、それが法ならん」という一文だろう。

その思想の元に行動し、黒魔術師として、崇拝者と同じくらい多くの敵を作ったクロウリーだが、実際の行動は黒白どちらかによらず、極めて科学的にとらえて実践していた。著作『魔術―理論と実践』内ではっきり「魔術とは、主体の意志のままに変化を引き起こす科学、技術である」と定義しているのである。

彼が使った魔術にしても、至って正統派といえるものなのだ。

カリスマ的な人気を今も放つ大魔術師

私生活では男女のべつまくなし好き放題のやり放題。後に独自の魔術理論を立て、その魔術的モットーや思想の面で魔術界に大きな衝撃を与え続け、その生き様は魔術界のみならず、後のサブカルチャー分野へ多大な影響を与えた。彼をモチーフにした、もしくは彼の思想などから影響を受けたアーティストやクリエイターは多岐にわたる。レッドツェッペリンのギタリスト、ジミー・ペイジが、アレイスター・クロウリーの自宅を買ってそこに住んだというエピソードもある。

いや、彼は二一世紀の今もなお、影響を及ぼし続けている。とにもかくにも、魔術を学ぶ人間なら彼から目を背ける事は出来ない程の大魔術師であった事は間違いない。どんな人であれ、彼の業績から学べる事は少なくないはずだ。

ソロモン（紀元前一〇一一年頃〜前九三一年頃）

動物と会話する優しき賢人にして「魔術王」

ソロモンとは、童話に登場する、魔法の力で動物や植物と話すことができたという「ソロモンの指輪のソロモン王」その人である。彼は動物を愛する心優しき王であると同時に「魔術王」と呼ばれる大魔法使いだったのだ。

ソロモンは、幼少の頃、神により「エディドヤ（主に愛された者）」と名付けられた才人であり、神がソロモン王へ「望むものを言うがよい、それを与えよう」と告げた時、ソロモン王が富貴栄華では無く知恵を望んだため、ソロモン王は西洋社会で知恵者・賢者の象徴となった。

有名な「ソロモン王のジレンマ（二人の女が子供を争う問題）」を解決した話は、巡り巡って、世界の端である日本までたどり着き「大岡裁き」のエピソードになっているほどである。ソロモン王の治世、イスラエル王国は繁栄した。後のイエス・キリストもまた「栄華を極めたソロモン王」と讃えた程である。

七二柱の魔神たちを操った大魔法使い

ソロモン王は、その知恵をもって、かつて神と戦った堕天使ルシファー配下の七二柱の魔神を召喚し、支配下においたとされる。そして、ソロモン神殿と呼ばれるこの世のものとは思えない大神殿を建立し、世界中の富を集めさせた。そして作業が終わると、魔神たちを真鍮の壺に閉じ込めてしまった（これもどこかで聞いた話であるが、物語には何かルーツになるエピソードがあり、それが変化して世界に伝わっていく性質を持っているのである）。

この壺は、時を経て、紀元前五九七年、バビロニアでフタが開けられ、あるものは星空へ、あるものは魔界へ帰り、またあるものは地上に残ったという。彼らは『ソロモンの鍵』というソロモン王の残した魔術書に記された方法で、今でも操ることが可能だとされている。

ソロモン以降、当然ながら、ここまでの業績を残した魔法使いは存在していない。いわば、ソロモン王は、歴史上最大の悪魔召喚術者《デビルサマナー》というわけなのである。

ニコラ・フラメル

（一三三〇～一四一八）

「賢者の石」を完成させた大錬金術師

全ての錬金術師、いや魔法に携わる者の、究極の夢である「賢者の石」を実際に作り出したとされる錬金術師。『ハリー・ポッターと賢者の石』の中で、タンブルドアの共同研究者として名前が出ていることで名が知られるようになった。彼が、「賢者の石」を得るきっかけとして語られる話がある。

ある日、彼の夢に天使が現れた、その手には金箔張りの書物を携えていた。天使は、その本がいつかフラメルの手に渡ることになるだろうと告げた。

そして時が過ぎ、その夢のことを忘れかけていた時、行商人がやってきて「この本を買って欲しい」と持ちかけてきた。もちろん、それは天使が持っていた本と同じものだったのである。その本の名は『アブラハムの書』といい、中には寓意画が多数描かれていた。知識をもたない者には意味不明なものだったが、フラメルには、そこに魔術的な意味が込められていることが感じとれた。

その後、妻のペルネルを助手とし、数十年を書の解読に費やし、とうとう「賢者の石」を獲得し、鉛を金に変える「黄金錬成」を成功させたという。

「賢者の石」はその後どうなったか？

さて、当然の疑問が生まれるだろう。フラメルは出来上がった「賢者の石」をどう使ったか？　また今それはどこにあるのか？　伝承によると、フラメルは、生涯三回しか黄金錬成を行わなかったという。

それなら、話自体がウソか……というと、フラメルは慈善事業に多額の寄付を行っており、その記録は残されているのである。一介の医師が作れるとは思えない、その多額の寄付の捻出先は不明とされている。

また、一四一八年に死亡したとされてはいるが、伝説ではフラメルとペルネル夫人は「賢者の石」の力によって不老不死となり、今でもどこかで暮らしていると、まことしやかに言い伝えられているのだ。

ハインリッヒ・コルネリウス・アグリッパ

（一四八六〜一五三五）

魔法に新たな視点を持ち込んだ「近代魔術の祖」

本名は「ハインリヒ・コルネリウス・アグリッパ・フォン・ネッテスハイム」。「ネッテスハイム」の名はネッテスハイム家なる貴族の血を引いていたからといわれる。熱情的な性格と論争好きなトラブルメーカーで、一旦は成功を収めるものの、必ずと言っていいほど有力者と悶着を起こしては立ち去るというのを度々繰り返した。

アグリッパの功績はなにより、それまでになかった、まったく新しい視点から魔法についてまとめて記した書、『オカルト哲学』の執筆によって、伝統の神秘学をまとめあげたことにある。伝統的なオカルト学、また神学の古典は彼の手によってまとめられ、それによって「近代魔術の祖」と称された。

それでありながら、本当に得意なのは古来からある、自然魔術だったというから、途方もない才能の持ち主だったということが分かる。

魔術師として認識されていたアグリッパには、変わった魔術のエピソードが多い。

有名な所では、アグリッパがベルギーのルーペンに住んでいた時の事。間借りしていた青年は好奇心を抑えきれず彼の留守中に書斎へと入り込み、机の上の魔術書を読み悪魔を呼び出してしまう。本当に悪魔が現れるとは思っていなかった青年は恐怖で動けず、動かない青年に腹を立てた悪魔は青年をくびり殺してしまった。

アグリッパが帰宅して事態を把握すると、悪魔を呼び出して青年を蘇生させ、町中を歩かせた後急死したように見せかけるよう命じた。しかし、一旦は上手くいったように見えたこの計略も、結局は青年の首に残った絞め跡からアグリッパは疑われ、町から逃げ出す事になってしまった。

また、こんな話もある。アグリッパは、大きな黒犬を連れており、たいそうお気に入りだった。この犬は、アグリッパが召喚した悪魔が姿を変えて付き従っていたものだと噂されていたのだ。つまり、記録が数多く残っており、「本物」とされていた魔法使いの一人という訳なのである。

パラケルスス（一四九三？～一五四一）

医学、科学、魔法学……全てを結びつけた男

本名は、テオフラストス・フォン・ホーエンハイム。パラケルススと言う名は、ローマ時代の名医ケルススを超える、という意味で「パラ（超える）」という単語をつけたという説と「ホーエンハイム」の読みをラテン語化して自称したものと言う説がある。（人気漫画『鋼の錬金術師』を読んだことのある方なら、「ああ、なるほど」と思っただろう）。

医師として評価が高く、同じく医師であった父親のウィルヘルムの影響を受け、医学を志し医学博士号を得た。

その後あちらこちらを放浪しながら、各地の大学や知識人のサークルのような知的エリートを始めとして民間の施療師や医師、果てはまじない師やモグリの医師といった最下層民までたずね歩き、その知識と医療技術を得ていったとされる。

一五二四年、遍歴を終え帰省した後に再び旅に出るが、その一年後、滞在先

のザルツブルグで当地の聖職者と神学論で公開論争を行う。そして当地の農民や労働者を扇動したとして投獄されるが、証拠不十分で釈放されるとそのままザルツブルグを出奔、また漂泊の旅に出る。

その後紆余曲折を経て訪れたバーゼル市で人文学者フロペニウスの足の難病を治療した事をきっかけに、市公認の医師資格を得ると同時にバーゼル大学の医学教授として迎えられる事になる。

しかし、旧来の学説を否定し、権威ある医学書を公衆の面前で焼く「焚書事件」を起こし、ラテン語の授業をドイツ語で行うなど、大学当局にことごとくたてついたのみならず、市の有力者とも医療費のトラブルを起こした上、後ろ盾であったフロペニウスの死や市内の医師や薬剤師などの汚職摘発などが重なり、結局は夜逃げ同然でバーゼルを去ることになる。だが、その後もまた欧州各地を遍歴し、さまざまな医学的業績を残している。主要なものだけで、梅毒治療における水銀利用・鉱山労働者の職業病研究・ペスト対策の研究などがあげられるが、それのみならず無数の著述を成しているのだ。

魔術師という評価、その実体は？

さて、ここまで見てきたように、パラケルススは、魔術師というよりも、医師としての側面が色濃い。しかし、なぜ魔術師という評価を得るのか、また魔術師としての評価はどうなのか。

パラケルススは、錬金術を始めとするオカルティズムにおいても、錬金術に占星術や医術と結びつける考えを生み出した。古代ギリシアの時代にあった「四大元素論」を改めて掘り起こしたのも彼だ。言うなれば、彼は「医学＝科学」といった技術だけの分野に、錬金術的な論理を持ち込んだ最初の人物であり、その意味で彼の功績は計り知れない程であると言えよう。しかし、天才ゆえの傲岸な性格のためか、才能に相応しい富を得ることはできずパラケルススは遍歴の途上立ち寄ったザルツブルグの旅館で息を引き取るのだった。

彼を魔術師と呼ぶのはいささか問題がある。しかし、確かに彼の業績は魔術においても大きな影響を残してはいるし、彼自身、魔法を利用し否定しなかったのは間違いはない。

マーリン（生没年不明）

魔王の力を受け継いで生まれ、アーサー王を育てた導師

イギリスで最も有名な魔法使いであり、『マーリンの予言』『ブリテン列王史』『マーリン伝記』など様々な伝承に登場する。

中でも最も親しまれているのは「聖剣エクスカリバー」や「聖杯」が登場することで知られる『アーサー王伝説』での活躍だが、実はアーサー王の治世当初に姿を消しており、世に伝わっているイメージほどは、アーサーと過ごした時間は長い訳ではなかった。

その出生は特殊なものだ。ある清らかな心を持った女性が魔王に妊娠させられ、このままでは魔物の子が生まれてしまうということで、ある高僧に相談したところ、結界をはった塔で出産を行うことになった。聖水で祝福を与えることで、魔族の縁が切り離され、悪魔の力と正しい心を持った男児が登場した。これがマーリンであった。

未来予知の力に秀でており、ブリテン王家にアーサーの四代前から仕えてい

た。ブリテンは、一度はサクソン人の侵略に蹂躙されるも、いずれアーサー王がそれを破ることを予言し、魔法を使って、アイルランドからソールズベリー平原まで巨石を運び、ブリタニアの王家のユーサー・ペンドラゴンとその運命の妃イグレーヌを同衾するように導き、アーサーを誕生させる役割を果たしている。そして幼い頃からアーサーに相応しい教育を与えたことで、石に刺さった、本当の王にしか抜けないと言われた聖剣エクスカリバーを抜くことができる人物に成長させ、ブリテンを勝利に導いた。

その後、アーサーに助言者として仕えるが、ほどなくして姿を消す。その後は杳として語られないが、最後だけは伝説に残っている。

未来を知りながら、運命に逆らうことはしなかった

マーリンは、膨大な魔力を持ちながら、それを必要と判断した時にしか使わなかった。そして、彼は自分の最後まで予言しており、それに逆らわなかったのである。

彼は、自らの予言によって、愛する女性に翻弄され、そして騙されて死ぬこ

とを知った。

そして、実際そのとおりになった。

マーリンは、アーサー王とギネビア王妃の結婚式に突然現れた「湖の乙女」と称される妖精ヴィヴィアンに一目惚れし、自分の知る全ての魔法を伝えた。だが、騙された挙句に、自分が授けた魔法により、空中楼閣に監禁されてしまう。

彼女は、アーサー王の敵ではなく、個人的な恨みも見当たらないため、そうした理由は不明だ。求愛が鬱陶しかったからとも、愛するマーリンを一人占めしたかったからともいわれている。

そして彼女によって閉じ込められたまま、一生を終えることになったのである。与えられた力に振り回されず、己の分を決め、運命から与えられた魔法使いとして自分の運命を全うした不思議な生涯であった。

参考文献

- 悪魔の話　池内紀　講談社現代新書
- 悪魔事典　山北篤 佐藤俊之 監修　新紀元社
- 怪物の友　モンスター博物館 荒俣宏　集英社文庫
- 禁書 黒魔術の秘法 悪魔学入門　流智明 混沌魔術研究会「青狼団」編著　二見書房
- クィディッチ今昔　J・K・ローリング 著　松岡佑子 訳　静山社
- 決定版歴史の意外な「ウラ事情」　日本博学倶楽部　PHP研究所
- 幻想世界の幻獣・討伐者ベストセレクション　Gakken
- 高等魔術実践マニュアル　朝松健　学研
- 呪術の本　学研
- 神秘学の本　学研
- 図解 近代魔術　羽仁礼 著　新紀元社
- 西洋魔物図鑑　江口之隆　翔泳社
- 世界空想動物記　実吉達郎　PHP
- 世界の神話伝説総解説　自由国民社
- 世界の神話百科 アメリカ編　D・M・ジョーンズ　B・L・モリノー　蔵持不三也 監訳　井関睦美・田里千代 訳
- 世界の「神獣・モンスター」がよくわかる本　東ゆみこ 監修　造事務所 編著　PHP
- 世界魔術大百科 MU SPECIAL　学研
- 世界の妖精・妖怪事典　キャロル・ローズ著　松村一男 監訳　原書房
- 実践「悪魔学入門」　楠瀬 啓 編著　二見書房
- 図説　世界未確認生物事典　笹間良彦　柏書房
- 「知」のビジュアル百科11 魔術事典　あすなろ書房
- 徹底図解 幻獣事典　望獲つきよ　新星出版社
- ドラゴン　久保田悠羅　F.E.A.R 著　新紀元社
- 日本と世界の「幽霊・妖怪」がよくわかる本　多田克己監修　造事務所 編著
- 秘密結社の事典　有澤玲　柏書房
- 変身力をよび起こす西洋魔術の本　朝松健 著　はまの出版
- 魔術　Gakken
- 魔術と占いの神秘　スチュアート・ホルロイド 著　小野協一 訳
- 魔女狩り　ジャン・ミシェル・サルマン 著　池上俊一 監修　創元社
- 魔女と魔術の事典　ローズマリ・エレン・グィリー著　荒木正純＋松田英 監訳　原書房
- 「魔術」は英語の家庭教師　長尾豊　はまの出版
- 魔導具事典　山北篤　新紀元社
- 魔法事典　山北篤　新紀元社
- 魔法魔術の謎と不思議　Gakken
- 幻の動物とその生息地　J・K・ローリング著　松岡佑子 訳　静山社
- よくわかる「世界の妖怪」事典　「世界の妖怪」を探求する会 著　ブレインナビ 編　廣済堂文庫
- よくわかる「魔界・地獄の住人」事典　幻想世界を研究する会 著　ブレインナビ 編　廣済堂文庫
- 錬金術図像大全　スタニスラス・クロソウスキー・ド・ローラ　磯田富夫＋松本夏樹訳　平凡社

カバー・本文イラスト▼坂野りんこ
本文デザイン・DTP▼伊延あづさ・佐藤純（アスラン編集スタジオ）

青春文庫

なぜ、魔法使《まほうつか》いは箒《ほうき》で空《そら》を飛《と》ぶのか

「魔法《まほう》の世界《せかい》」の不思議《ふしぎ》を楽《たの》しむ本《ほん》

2017年1月20日 第1刷

監　修　山北《やまきた》　篤《あつし》
著　者　来栖《くるす》美憂《みゆう》
発行者　小澤源太郎
責任編集　株式会社プライム涌光
発行所　株式会社青春出版社
〒162-0056 東京都新宿区若松町 12-1
電話 03-3203-2850（編集部）
03-3207-1916（営業部）
振替番号 00190-7-98602
印刷／中央精版印刷
製本／フォーネット社
ISBN 978-4-413-09661-4

ほんとうのあなたに出逢う ◆ 青春文庫

日本人の9割が知らない 日本の作法

小笠原清忠

本来の作法は、動きに無駄がないから美しい！
小笠原流礼法の宗家が明かす、
本当はシンプルで合理的な「伝統作法」の秘密

(SE-660)

なぜ、魔法使いは箒で空を飛ぶのか

「魔法の世界」の不思議を楽しむ本

山北 篤［監修］

「杖」を使う理由は？
「魔法学校」は実在した？
ファンタジー世界を読み解くための道案内。

(SE-661)

手に取るようによくわかる！ 他人の心理と自分の心理

おもしろ心理学会［編］

「感じのいいメール」を書く人の深層心理…
ほか気になる「こころ」の法則を
集めた、ハンディな人間心理事典。

(SE-662)

大人の教科書 日本史の時間

大人の教科書編纂委員会［編］

基礎知識から事件の真相まで
〝常識〟が楽しく身につく
教科書エンターテイメント

(SE-663)